C'est un immense privilège d'avoir pu évoluer personnellement et professionnellement avec un coach qui a le cœur grand comme le monde. Merci Karl Roussel pour tout ce que tu m'as donné et pour tout ce que tu ES!

Dominique Samson, consultante en formation

Karl est un véritable maximisateur et ce livre vous aidera à atteindre votre potentiel maximum. Il partage ouvertement ses techniques et l'a fait à de nombreuses reprises.
m'a aussi aidé. Parfois, le plus grand obstacle à la réussite d'une personne est sa façon de voir et de gérer la situation. Karl aide à montrer la bonne voie.

Dev Sethi, PDG de Wealth On Command et lauréat du prix Global Sales Champion

Karl a un don inné qu'il est difficile d'expliquer! Tout est possible pour de vrai! Ayant travaillé avec lui pendant plus d'un an, je peux dire qu'il m'a équipé pour le long terme!
Merci Karl.

Karine Labrie, directrice générale de Mdame Kay ; Ici & Maintenant sans filtre INC.

Quand vous pensez être au sommet de vos capacités dans votre entreprise, mais que vous pouvez aller plus loin avec un peu d'aide. Ouvrir ses horizons, voir plus loin, développer ses pensées pour être et se sentir plus puissant, c'est ce que le coach Karl Roussel m'a aidé à développer.

Mélanie Drouin, fondatrice de l'Institut d'Esthétique Mélanie Drouin

SKOOLpreneur : Lance et Monétise Ta Communauté

Le guide ultime pour transformer ton expertise et tes passions en 5 000 à 100 000$€/mois récurrents grâce à Skool.

Toi qui es KOOL et souhaites lancer ta RÉVOLUTION (pas une révolte) pour aider l'humain avec ton produit ou service, et qui aime la **K'nection**, plonge dans ce livre conçu pour t'ouvrir l'esprit et te pousser à passer à l'action.

Déjà prêt à lancer ta communauté ?
Scanne ce code et lance-toi dès maintenant.

SUPER À L'ÉCOUTE POUR AIDER LA PERSONNE LÀ OÙ ELLE SE TROUVE ! C'est vraiment puissant ça ! Et un véritable désir honnête de mettre les gens en K'nection, tout en leur apportant un sentiment de sécurité. J'apprécie énormément ! Bravo Karl!

Bekwadi Bito Kaizen Engineer

Profit Skool n'est pas facile à décrire, mais c'est avant tout une grosse dose d'énergie positive dans laquelle on se sent forcément bien!

Une communauté très accueillante remplie d'entrepreneurs, mais "humains" avant d'être entrepreneurs, et tous curieux d'apprendre les uns des autres et d'échanger, discuter, transmettre…

Une bonne occasion de se remettre en question, le tout dans une bienveillance générale.

André Bricteux

Karl Roussel, un homme de Dieu doté d'une vision globale, démontre un talent exceptionnel dans le mentorat des individus pour maximiser leur potentiel.

Sa passion pour la croissance spirituelle et sa capacité à inspirer transparaissent vivement à travers les pages de son livre.

Patricia Bartell, CEO, Crush It On Stage

Seulement une semaine dans PROFIT SKOOL et je sens déjà une transformation. Je sens que j'ai ma place ici comme les autres merveilleux entrepreneurs qui s'y trouvent. Karl crée la connection entre nous pour qu'on puisse s'entraider et se supporter. Il a ce don de nous inciter à passer à l'action et que dire de ses questions pertinentes pile aux bons moments dans ta vie. Merci x1000 je me sens beaucoup moins seule dans mon aventure!

Annie Allard Coach/Mentore de la méthode Pop Up

Profit Skool me permet de sortir de l'isolement et de discuter avec des gens qui en ont réellement quelque chose à faire!

Je ne sens pas que je dois à tout prix me méfier car je suis dans un marre de requin qui veulent me vendre tous leurs services.

Je suis dans une communauté ou, malgré des domaines qui peuvent être différents, il y a des humains avec des objectifs communs: CONTRIBUER ET CONNECTER.

N'est-ce pas là la base de toute entreprise prospère de toute manière?!

Donc connecter avant tout avec des êtres humains qui ont à cœur de s'élever entre eux et à travers chacun d'eux, voilà, en partie, ce que Profit Skool m'amène!

Christina Goulet, Créatrice du Processus F.E.A

Ça ne fait que 2 jours que je suis dans cette communauté, mais je ressens déjà quelque chose de spécial.

J'adore l'énergie qui s'en dégage, c'est motivant et ça donne envie de se dépasser.

L'humour, c'est vraiment un gros plus pour moi : ça rend les échanges légers et agréables, tout en gardant un vrai fond de valeur.

Et la proximité qui est permise ici, c'est juste incroyable.

On sent qu'on peut vraiment s'exprimer, partager ses idées ou ses doutes, sans jugement.

C'est un environnement où on se sent écouté et soutenu, et c'est tellement précieux.

Merci pour tout ça, hâte de découvrir encore plus et de continuer à avancer avec cette vibe unique!

Silvy Segond

J'ai travaillé avec Karl dans la même équipe, et sa discipline et sa constance dans la conclusion d'affaires m'ont poussé à progresser rien qu'en le regardant.

Angelo D'Acunto, fondateur de Premium Closer

Karl est pour moi un ami bien spécial et oui, je te conseille à 100% de l'avoir dans ta vie si tu tiens à toujours évoluer, allumer ou même rallumer ta lumière, continuer de croire en toi, en tes projets, mettre de l'action, des idées structurées intelligemment, de l'accompagnement jusqu'au bout, de l'énergie dans ta belle personnalité propre à toi et encore bien plus !

Karl a même le talent de voir en toi plus de potentiel que tu ne peux toi-même en percevoir !

Il possède une empathie sincère, une présence rassurante et un engagement inébranlable, avec une écoute au-delà de tout ce que tu peux imaginer, parfois même à couper le souffle .

Karl prend vraiment à cœur tout ce qu'il entreprend pour toi. Un professionnel passionné et dévoué dans sa mission

Manon Boucher Neuro-body coach

Karl a une capacité unique à aider les gens à se vendre et à vendre leurs services ou leurs produits en toute confiance.

Martin Latulippe, conférencier, auteur, Coach et fondateur de l'Académie Zéro Limites

Karl a ce pouvoir divin de te connecter à l'instant présent.

Sa manière de poser des questions m'a permis de comprendre et mettre en lumière des parties de moi-même dont je n'avais pas conscience.

Grâce à ses dons, j'ai pu me reconnecter à qui je suis réellement. Je te serai éternellement reconnaissant.

Que Dieu te bénisse, mon frère Karl.

Youcef Zahzah alias Mister Energy

La vision implacable de Karl de voir tout le monde devenir millionnaire est contagieuse, et m'a fait croire que je pouvais vraiment le faire !

Garrett Fromme, PDG, IDC Woodcraft

Karl est un véritable catalyseur de succès.

Avec son état d'esprit d'exécutant, ses solutions rapides comme l'éclair, son approche directe et énergisante, il change absolument la donne pour les coachs qui recherchent une croissance exponentielle.

Sylvia Silvers, PDG, Sylvia Silvers Academy

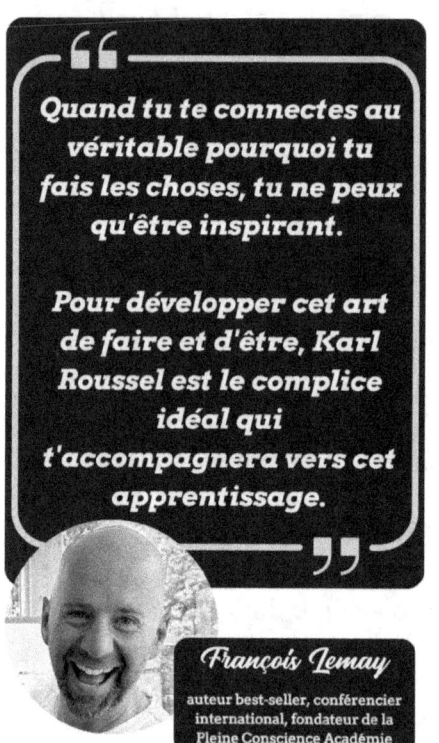

Quand tu te connectes au véritable pourquoi tu fais les choses, tu ne peux qu'être inspirant.

Pour développer cet art de faire et d'être, Karl Roussel est le complice idéal qui t'accompagnera vers cet apprentissage.

François Lemay
auteur best-seller, conférencier international, fondateur de la Pleine Conscience Académie

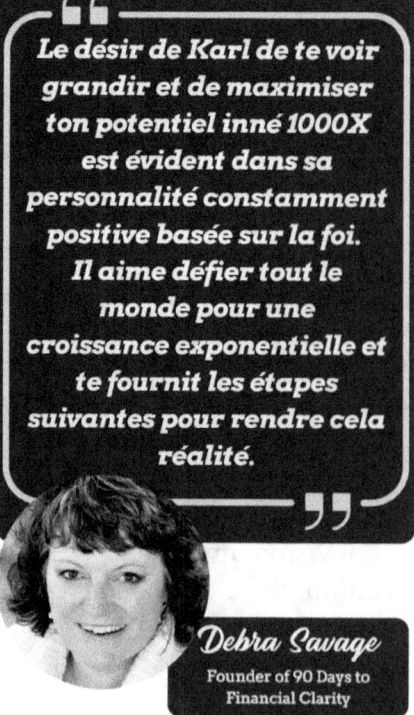

Le désir de Karl de te voir grandir et de maximiser ton potentiel inné 1000X est évident dans sa personnalité constamment positive basée sur la foi. Il aime défier tout le monde pour une croissance exponentielle et te fournit les étapes suivantes pour rendre cela réalité.

Debra Savage
Founder of 90 Days to Financial Clarity

Les talents inexploités ne bénissent personne!

Bien que Dieu t'aime suffisamment pour te laisser libre d'utiliser ou non ce qu'Il t'a donné GRATUITEMENT, Il t'a créé pour créer une différence.

À travers ce livre, découvre comment activer et multiplier tes dons pour un impact durable et une contribution divine

Publié par : Profit Book Factory™ est une marque de commerce de Oui c'est possible consultant INC.

Première édition 2024

Publié au Canada par Oui c'est possible consultant INC.

ISBN :9798300079031

Contacter l'auteur : info@karlroussel.com
https://1000revolution.com/skoolpreneurtome1

https://www.skool.com/profitskool/about

Avertissement

Ce livre est une publication indépendante et n'est ni affilié, ni approuvé, ni autorisé par Skool, Facebook, ou par toute autre entreprise, plateforme, ou individu mentionné dans ce livre. Tous les noms de marques, marques de service, noms de produits et logos d'entreprises apparaissant dans ce livre sont la propriété de leurs propriétaires respectifs. L'utilisation de ces noms est uniquement à des fins de référence et ne sous-entend en aucun cas un partenariat ou un soutien.

Le contenu présenté dans ce livre est basé sur l'expérience personnelle, les recherches et les opinions de l'auteur. Les stratégies, idées et recommandations sont fournies à des fins d'information et d'éducation uniquement. Les résultats peuvent varier d'une personne à l'autre, et l'auteur ne garantit en aucun cas les résultats potentiels mentionnés.

Préface de Robert Savoie?

Karl Roussel représente pour moi un optimiste aguerri, un phare de positivité et de bonnes intentions dans un monde souvent tumultueux.

J'ai eu l'honneur de participer à ses groupes, où son influence bienveillante et inspirante a laissé une empreinte indélébile.

À mon tour, je l'ai invité à venir partager ses méthodes uniques, permettant à chacun de se réaliser pleinement avec une simplicité déconcertante, tout en se sentant à la hauteur des possibles.

Ce que j'admire le plus chez Karl, c'est son approche humble et authentique.
Il ne cherche pas à impressionner, mais à toucher le cœur et l'esprit de chacun, nous propulsant vers nos propres profondeurs.

Son approche simple mais puissante nous aide à découvrir nos véritables potentiels et à les exploiter pour créer des vies riches de sens et des carrières épanouissantes.

Dans notre quête incessante de ce chemin doux et transformateur, Karl nous offre une boussole, une direction claire vers une existence plus prometteuse et enrichissante.

Qui parmi nous ne rêve pas de vivre une vie où chaque jour est une promesse de croissance et d'accomplissement ?

Je suis profondément fier de faire partie de cet environnement peuplé de personnes merveilleuses, où brille la lumière de notre magnifique Karl Roussel. Son impact dépasse les simples interactions; il transforme des vies, laissant derrière lui un héritage de possibilités infinies et de rêves réalisés.

Avec amour et bienveillance,

Robert Savoie, présent et engagé. Auteur et conférencier international

Table des matières

SKOOLpreneur! Bienvenue dans la 1000X RÉVOLUTION des Petites Entreprises à Impact Global (P-E-I-G)

Nous vivons un moment extraordinaire, une véritable révolution que j'appelle la 1000X RÉVOLUTION.

Aujourd'hui, avec l'évolution fulgurante de l'intelligence artificielle et des technologies, il n'a jamais été aussi simple de créer **des petites entreprises à impact global**.

Lancer une communauté sur Skool, ce n'est pas seulement pour trouver des clients.

C'est aussi pour connecter avec des partenaires, des alliés, des membres d'équipe, peu importe où ils se trouvent dans le monde.

Cette nouvelle ère permet d'avoir des clients et des collaborateurs dans plusieurs langues, sur tous les continents, sans jamais quitter son bureau.

On entend souvent dire que dans le monde des affaires:

"ce qui compte, c'est qui tu connais".

Mais dans l'économie actuelle, ce qui compte vraiment, c'est **qui TE connaît**.

https://www.skool.com/profitskool/about

Moi je connais plein de monde mais, actuellement, je ne peux pas les appeler car eux ne me connaissent pas encore.

Raison de plus pour développer ta propre communauté en ligne sur Skool et te connecter avec d'autres créateurs de mouvements, des leaders, des visionnaires.

Ce livre a été conçu pour te donner le **maximum de valeur** dans un minimum de temps.

Tu y trouveras peut-être **la pépite que tu cherches,** celle qui va révolutionner ta vie et ton entreprise, mais pas nécessairement à la première lecture.

Peut-être que ce sera lors de la deuxième, de la troisième, ou même de la quatrième lecture.

Cette pépite n'est pas cachée ; elle est là, directement accessible pour toi.

Ce qui est magique, c'est que **ta pépite sera différente de la mienne, ou de celle du voisin.**

Ce livre est conçu pour que tu y trouves **ce dont TU as besoin.**

Je t'invite à lire, à faire les exercices, puis à relire ce livre rapidement pour ancrer ces enseignements et les appliquer immédiatement.

Et bien sûr, **lance ta communauté Skool en scannant ce code QR** pour propulser ta petite entreprise à impact global vers des sommets que tu n'aurais jamais imaginés.

Bonne lecture, et surtout, passe à l'action!

https://www.skool.com/profitskool/about

Avant d'aller plus loin je tiens ma mettre les choses au claire!

Chaque cas mérite une approche **personnalisée**. Pour déterminer quel est le **meilleur plan pour toi**, il y a deux options :

1. **Faire par toi même** et espérer ne pas te faire dépasser par l'évolution rapide de ce monde AI où l'humain doit rester au centre.

2. **Rejoindre la communauté des SKOOLpreneurs avec le processus FLOW**, où tu trouveras des ressources, du soutien, et un cadre pour élaborer une stratégie adaptée à ton cas. https://www.skool.com/profitskool/about

3. **Option pour les entrepreneurs à plus de 240 000$€ par année**, fait le quiz pour voir si tu qualifies pour un appel:
   https://www.1000xrevolution.com/skoolpreneurflowquiz

Félicitations d'avoir ce livre entre les mains, de le temps de lire et surtout de faire les actions proposées.

Tu es déjà bien plus avancé que la majorité des entrepreneurs qui n'osent jamais franchir ce pas. Les petites entreprises à impact global, comme la tienne, sont les moteurs du changement.

Bravo de prendre part à cette aventure. **Bonne suite d'aventure, et n'oublie jamais : la mission que Dieu a déposée sur ton cœur, est entre tes mains!**

https://www.skool.com/profitskool/about

À qui s'adresse ce livre et pour qui il n'est pas

Ce livre est pour :

- **Les entrepreneurs bien établis** qui savent que leur expertise mérite d'être partagée et qu'une communauté Skool a le potentiel d'ajouter entre **50 000$ et 500 000$ par mois** à leurs revenus.
  Ce guide est une excellente lecture, non seulement pour les leaders, mais aussi pour les membres de leur équipe.

Les entrepreneurs ambitieux et leurs équipes qui souhaitent maximiser leur impact en créant une communauté engagée, et qui voient le potentiel d'intégrer un système de vente efficace.

En tant coach/consultant, je peux aussi **m'insérer dans votre équipe pour MAXIMI$€R** la mise en place de la communauté Skool et du système de vente.

Mais attention, il reste très peu de place pour cet accompagnement exclusif, avec un service variant de **10 000$ à 100 000$ par mois**.

- **Les entrepreneurs confiants** qui veulent **ajouter une communauté Skool pour mieux servir leurs clients** et générer entre **5 000$ et 50 000$ par mois** supplémentaires.
  Si tu veux que chaque membre de ta communauté trouve sa place et grandisse avec toi, ce livre est pour toi.
  Le processus FLOW de **MAXIMI$€ PROPULSION pour SKOOLpreneur** est un excellent complément pour ceux qui veulent aller plus loin ET plus vite.

https://www.skool.com/profitskool/about

- **Ceux qui veulent agir maintenant**. Ce livre est le guide ultime pour **lancer et monétiser une communauté Skool maintenant**.

  Il te guidera étape par étape, avec la méthode FLOW, pour t'aider à passer de l'idée à la réalité concrète.

  La majorité des lecteurs souhaiteront probablement rejoindre la communauté **SKOOLpreneur** pour appliquer ces stratégies, avec d'autres skoolpreneurs passionnés et en tirer le meilleur.

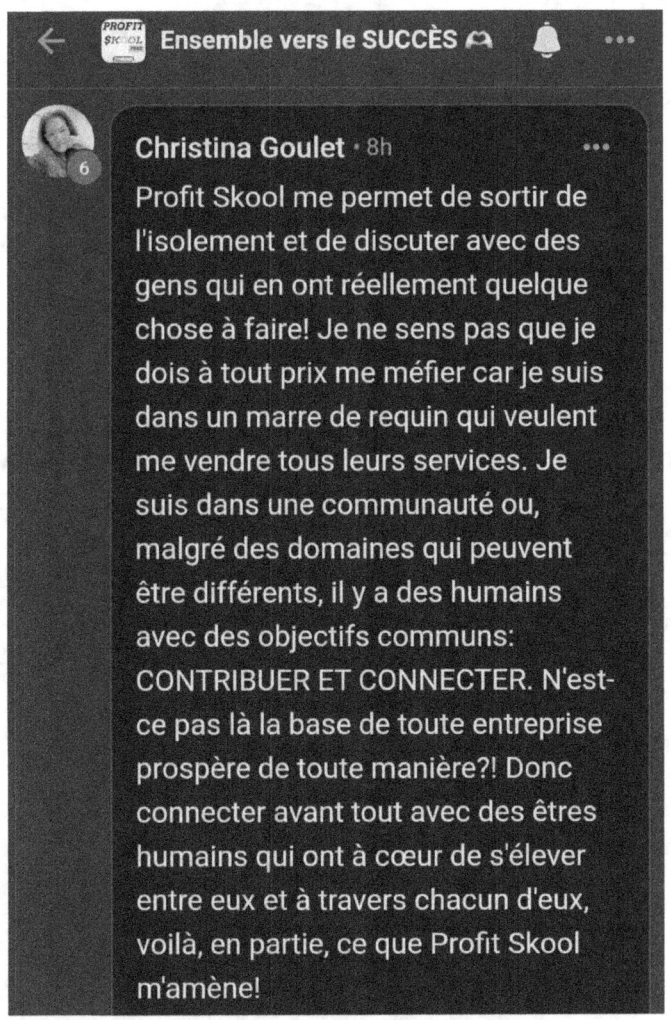

https://www.skool.com/profitskool/about

Ce livre n'est pas pour :

- **Ceux qui n'aiment pas l'humain** ou qui ne souhaitent pas créer de lien avec leur communauté.
  Si tu cherches uniquement à faire de l'argent sans te soucier du succès humain, ce livre n'est pas pour toi.
  Skoolpreneur met l'accent sur la relation authentique, la croissance commune, et la valeur apportée aux membres.

- **Ceux qui cherchent la recette miracle**. Il ne s'agit pas d'un livre pour obtenir des revenus passifs et aller siroter des piña coladas à temps plein sur une plage.
  Si c'est ce que tu espères, tu risques d'être déçu. Ce livre demande de l'investissement :
  168 heures par semaine, incluant le sommeil, le temps pour toi, le temps pour ta famille, et le temps pour faire du CA$H en **servant l'humain**.
  C'est un livre pour ceux qui sont prêts à tout donner pour construire quelque chose qui a du sens.

MULTI 6/7 CHIFFR€$		heure / jour	heure / semaine
	Dieu	1	7
	Dormir	7	49
Dieu est avec nous en tout temps 😊 ✝ 💜 ⛪	moi	2	14
	Famille	3	21
	Travail	10	70
	Autre	1	7
		TOTAL	168

Travail	Apprendre/maîtrise
	Emploi
	Business

- **Ceux qui n'aiment pas se salir les mains**. Ici, il s'agit de bâtir, de contribuer et de mener une communauté vers un objectif commun.

  Le travail, la passion, et l'engagement sont les moteurs de la réussite.

  Si tu n'es pas prêt à investir ton temps et ton énergie dans ta communauté, ce n'est pas le bon guide pour toi.

Toi qui es KOOL!

Tu souhaites avancer ensemble, si tu veux rejoindre une communauté où on s'entraide et se soutient, où nous sommes :

ENSEMBLE vers le **SUCCÈS**, je t'invite à venir nous rejoindre dès maintenant dans PROFIT $KOOL.

Tu recevras le soutien que tu mérites, ainsi que des bonus complémentaires à ce premier tome de SKOOLpreneur.

https://www.skool.com/profitskool/about

Scanne ce QR code, maintenant, ou va sur:

https://www.skool.com/profitskool/about

Et maintenant, lançons-nous dans la question :

POURQUOI SKOOL?

Pourquoi encore une autre plateforme?

Passe à la page suivante pour découvrir la réponse!

https://www.skool.com/profitskool/about

Introduction : Pourquoi Skool est l'Outil Révolutionnaire pour les Entrepreneurs

Imagine une plateforme qui rassemble tout : tes passions, tes expertises, une communauté engagée et des revenus récurrents.

Skool, c'est KOOL et bien plus qu'un simple outil.

C'est un véritable écosystème qui te permet de transformer tes connaissances en valeur concrète, d'établir des liens humains puissants et de monétiser ce que tu aimes faire le plus.

Bienvenue à l'aventure Skoolpreneur, un voyage qui te mènera non seulement à être un entrepreneur KOOL, mais aussi un leader d'influence dans ton domaine.

Avant de plonger dans le vif du sujet, il est essentiel de comprendre pourquoi Skool est l'outil de choix pour les entrepreneurs qui souhaitent passer au prochain niveau.

Tout commence avec une vision claire : celle de créer un espace où l'humain est au centre.

Contrairement à d'autres plateformes où l'objectif est souvent de maximiser le profit au détriment de l'expérience utilisateur.

Skool te permet de bâtir une vraie communauté, où chaque membre se sent valorisé et inspiré à participer.

https://www.skool.com/profitskool/about

Ne bâtis pas une entreprise
avec une communauté. 🚫🏛

Bâtis d'abord une communauté
et l'entreprise suivra. 👤➡💼

Au pire?
Tu *te feras de* **super amis** *et* **beaucoup** de **FUN**. 💬✦

Au mieux?
Tu *changeras le monde* **avec tes amis en créant une business**.
🕊

Skool : <u>*là*</u> <u>*où*</u> <u>*les*</u> *K*○*OL* <u>*se*</u> <u>*retrouvent*</u>,
s'amusent et bâtissent des business. 🗣🛠💼

> **Back** *to $K*○*OL* 👆

Ce qui distingue Skool, c'est son approche d'équilibre entre impact et monétisation, où ton succès est naturellement lié à celui de ta communauté.

Mon propre parcours avec Skool a commencé par la même question que tu as peut-être toi aussi aujourd'hui :

"Comment puis-je partager mon expertise, la rendre accessible et en faire une source de revenus stable, sans retomber dans les trucs que je détestais des groupes Facebook?"

Ce livre est le résultat de ce voyage, qui a débuté en septembre 2024.

https://www.skool.com/profitskool/about

J'ai vu des entrepreneurs, des experts, des passionnés transformer leurs connaissances en réelle transformation pour les autres, tout en bâtissant une source de revenus récurrente.

En mélangeant l'art de créer du contenu de valeur, l'engagement authentique et une stratégie claire de monétisation, Skool est devenu un catalyseur pour dépasser les limites et atteindre un public plus large.

Ce premier tome de SKOOLpreneur est ton guide ultime pour passer de l'idée à la mise en place d'une communauté prospère sur Skool.

Tu vas apprendre à poser les bases solides, à engager tes premiers membres, à créer un espace où chacun se sent connecté à ta vision, puis à maximiser les revenus sans jamais perdre de vue l'importance de l'humain.

Nous allons également voir comment Skool peut transformer ta passion en un business prospère qui crée un impact profond dans la vie de tes membres.

Est-ce que tu es prêt à bâtir une communauté qui te ressemble, à donner de la valeur tout en générant des revenus récurrents, et à transformer ton expertise en une mission partagée?

Alors, plongeons ensemble dans ce voyage vers la monétisation et l'influence, en utilisant Skool comme levier de transformation.

C'est le moment de bâtir ta communauté de manière authentique, de la monétiser intelligemment, et de faire de ton impact une réalité concrète.

Bienvenue dans l'aventure **Skoolpreneur**.

https://www.skool.com/profitskool/about

C'est parti pour transformer ta passion et ton expertise en une source de richesse, de réalisation personnelle, et d'influence positive!

Il est fort possible qu'à ce stade, tu souhaites lancer ton essai gratuit de 14 jours sur Skool pour commencer à bâtir ta communauté tout en lisant ce livre, et même monétiser le tout en 14 jours avant de payer ton premier 99$.

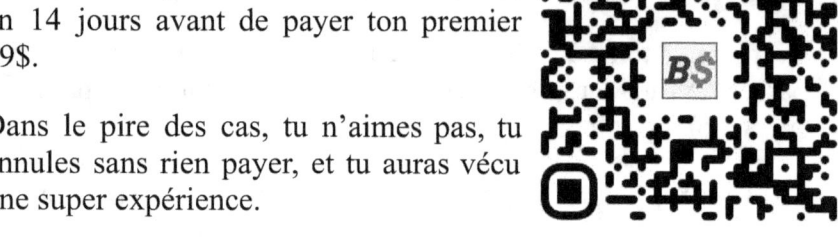

Dans le pire des cas, tu n'aimes pas, tu annules sans rien payer, et tu auras vécu une super expérience.

Alors, scanne ce code et crée ta première ou prochaine communauté dès maintenant !

Une fois que c'est fait, viens célébrer dans ma communauté **PROFIT $KOOL**. J'ai des cadeaux pour toi si tu utilises mon lien d'affilié : https://www.skool.com/profitskool/about

Nous avons tous un passé, et c'est ce qui nous a conduits là où nous sommes aujourd'hui et façonnés qui nous sommes devenus.

Je n'ai rien de spécial, mais mon parcours, tout comme le tien, est unique.

Alors, soyons authentiques et faisons briller notre singularité. Voici une petite parenthèse sur mon chemin... et mes cicatrices.

Chapitre a) La Quête de Soi : De l'Acné à Entrepreneur International!

Bien que ce livre soit conçu pour te propulser, je crois qu'il est important de me présenter si nous ne nous connaissons pas encore.

J'apprécie ton temps, alors voici un petit aperçu de qui je suis.

Les Luttes de l'Adolescence

Il est difficile d'oublier les surnoms cruels que j'ai endurés pendant mon adolescence ET début vingtaine.

"Pizza face" et "Champ de fraises" étaient des mots que j'entendais régulièrement, des moqueries qui me déchiraient chaque fois un peu plus.

J'avais un grave problème d'acné, et ce n'était pas seulement quelques boutons ici et là, mais des éruptions sévères qui couvraient mon visage et mon dos, laissant des cicatrices visibles et une estime de soi en lambeaux.

Pendant plus de 23 ans, je me suis trouvé laid, dégoûtant, évitant les miroirs et les interactions sociales.

Cette bataille contre l'acné était plus qu'un simple combat contre des boutons; c'était une lutte pour mon identité et ma dignité.

J'avais honte de mon apparence et peur de parler aux autres.

Les filles? Je préférais ne même pas y penser.

https://www.skool.com/profitskool/about

J'ai développé une arrogance, croyant à tort que c'était de la confiance en soi, pour masquer mon insécurité profonde.

Malgré tout, une petite voix intérieure me disait que j'avais un grand potentiel, qu'il y avait plus en moi que ce que les autres voyaient.

La Quête de Reconnaissance à Travers l'Éducation

Ce sentiment de potentiel inexploité m'a conduit à chercher la reconnaissance à travers l'éducation.

J'ai passé sept ans à l'université pour obtenir un baccalauréat en science forestière et une maîtrise en administration des affaires (MBA).

Mais à la fin de ce long parcours académique, la réalité était brutale : 70 000 $ investis, dont 35 000 $ en dettes, et un vide intérieur encore plus grand.

Une année de chômage plus tard, je décroche enfin un contrat d'un an à 42 000 $ par an.

Mais le sentiment de manque de sens et de satisfaction persiste.

Un vendredi matin de novembre 2011, mon patron entre dans mon bureau pour mon évaluation après six mois de travail.

J'attendais cette journée avec impatience, espérant une augmentation de salaire et un poste permanent.

Cependant, ses mots sont comme un coup de poing :

"Karl, tu es une personne froide, difficile d'approche et tu n'as pas d'initiative."

Ces mots me frappent fort.

Je me rends compte qu'il a raison. Quel homme courageux d'avoir osé me dire les vraies affaires. **MERCI.**

Je me sens diminué, mes options sont limitées, et je suis rempli de timidité.

Mais à l'intérieur de moi, il y a une révolte, un désir de prouver que j'ai tort.

La Transformation Intérieure

Cette évaluation a été le début d'une magnifique aventure.

J'ai entrepris un cheminement pour laisser sortir mon potentiel et le mettre au service des autres.

J'ai dû me vendre à moi-même, accepter mes zones d'ombre et utiliser mes faiblesses pour maximiser mon potentiel.

J'ai appris à m'aimer et à accepter que je suis assez.

Avec cette nouvelle compréhension, je me lance dans l'entrepreneuriat.

Mais les débuts sont difficiles. Je suis endetté par-dessus la tête et frustré par les échecs successifs.

En 2017, je fais la promesse de ne plus investir en moi. Je suis épuisé, sans REER, et je me déteste pour avoir investi 70 000 $ sans résultats.

Pourtant, je persévère.

https://www.skool.com/profitskool/about

En 2018, je commence un nouveau poste dans un journal pour vendre de la publicité, visant à développer mes compétences en vente.

La Découverte du Closing

En janvier 2019, je découvre un webinaire de Dan Lok sur le closing.

Bien que frustré par mes échecs passés, je décide de tenter le coup.

Je me fixe des objectifs clairs, comme parler à plus de gens et améliorer mes compétences en vente et devenir l'un des meilleurs CLOSER en francophonie.

Les premiers mois sont difficiles, mais je ne lâche pas.

En mai 2020, je réussis à faire 30 000 $ en commission en un mois.

La Réussite et la Perle de Sagesse

Cette réussite n'est pas le fruit du hasard.

Elle est le résultat d'une détermination inébranlable, de nombreuses heures de pratique, de l'acceptation de mes échecs et de la volonté d'apprendre et de m'améliorer constamment.

J'ai appris que pour réussir, il faut être prêt à faire le travail nécessaire, même lorsque cela semble impossible.

Aujourd'hui, je partage mon histoire pour inspirer d'autres personnes à croire en leur potentiel et à surmonter leurs peurs.

https://www.skool.com/profitskool/about

Je me suis rendu compte que l'important n'est pas d'où l'on vient, mais ce que l'on fait avec ce que l'on a.

Mon parcours m'a appris à accepter mes imperfections et à les utiliser comme des forces.

Mon but est d'aider les autres à découvrir qu'ils sont assez et qu'ils ont en eux tout ce qu'il faut pour réussir.

Une Vie en Évolution

Mon voyage est loin d'être terminé, mais chaque jour, je me rapproche un peu plus de la personne que je suis censé être.

Et cela, je le dois à toutes les parties de moi-même, même celles que je qualifiais autrefois de "loser".

Parce que finalement, c'est en acceptant toutes les facettes de notre être que nous pouvons vraiment avancer et créer une vie qui nous ressemble.

Et toi, quelle est ton histoire? Je t'invite à venir nous la partager dans PROFIT $KOOL, la communauté KOOL et gratuite, conçue pour nous propulser ensemble!

Maintenant, lançons les bases de TA communauté SKOOL au prochain chapitre.

Si ce n'est pas encore fait, mon petit doigt me dit que tu vas vouloir tout mettre en place pendant que tu lis ce livre. Et c'est KOOL, car voici le code pour bénéficier de 14 jours gratuits, ainsi que des bonus exclusifs, en utilisant mon lien d'affilié.

https://www.skool.com/profitskool/about

Il est temps de poser les bases de ta communauté Skool, et c'est justement ce dont nous parlons dans la partie une de ce premier tome de **SKOOLpreneur** !

Passons ensemble à la page suivante pour t'aider à établir des fondations solides et durables.

Annie Allard · 2m
Seulement une semaine dans PROFIT SKOOL et je sens déjà une transformation. Je sens que j'ai ma place ici comme les autres merveilleux entrepreneurs qui s'y trouvent. Karl crée la connection entre nous pour qu'on puisse s'entraider et se supporter. Il a ce don de nous inciter à passer à l'action et que dire de ses questions pertinentes pile aux bons moments dans ta vie. Merci x1000 je me sens beaucoup moins seule dans mon aventure!

https://www.skool.com/profitskool/about

Partie 1 : Poser les Fondations de Ta Communauté Skool

Toi qui es KOOL et souhaites lancer ta RÉVOLUTION (pas une révolte) pour aider l'humain avec ton produit ou service, et qui aime la **K'nection**, plonge dans ce livre conçu pour t'ouvrir l'esprit et te pousser à passer à l'action.

Déjà prêt à lancer ta communauté?

Scanne ce code et lance-toi dès maintenant. (en plus j'ai des bonus pour toi)

https://www.skool.com/profitskool/about

Chapitre 1. Définir ta Vision et ton Pourquoi

Tout commence par une vision claire.

Pourquoi souhaites-tu créer une communauté sur Skool?

_____

_____

C'est en définissant clairement ton objectif que tu pourras non seulement attirer les bonnes personnes, mais aussi les inspirer et les engager dans ton projet.

Ta vision est le phare qui guide chaque décision et chaque action.

Lorsque tu crées une communauté, ce n'est pas seulement une affaire de médias sociaux ou d'espace en ligne — c'est un endroit où tu développes un réel impact, une mission partagée qui transforme.

Pour bien définir ta vision, commence par répondre à ces questions :

- Quelle transformation souhaites-tu voir chez tes membres?

_____

_____

https://www.skool.com/profitskool/about

- Quelle est la raison profonde pour laquelle tu veux créer cet espace?

_____

_____

- Comment ta passion et ton expertise peuvent améliorer la vie de ton audience?

_____

_____

Ton pourquoi, c'est ce qui te permettra de continuer même lorsque les choses deviendront difficiles.

C'est ce qui te permet de garder l'énergie nécessaire pour faire grandir ta communauté avec passion et alignement.

Ton pourquoi est souvent basé sur une expérience personnelle, un moment de révélation, ou une envie de contribuer à quelque chose de plus grand que toi.

Partage-le avec authenticité et tu verras ton audience se connecter instantanément.

Je t'invite à venir nous la partager dans PROFIT $KOOL, la communauté KOOL et gratuite, conçue pour nous propulser ensemble !
https://www.skool.com/profitskool/about

Maintenant clarifions ta niche.

Chapitre 2. Trouver Ta Niche et Ton Audience Idéale

Ensuite, tu dois trouver la niche qui correspond à ton expertise.

Trop souvent, les entrepreneurs essaient de parler à tout le monde, et ils finissent par ne toucher personne.

Sur Skool, l'important est d'attirer les bonnes personnes qui résonnent avec ta vision et TOI.

Plus ta niche est claire, pour toi et tes FANS, plus tu seras capable d'engager les bonnes personnes et de créer une dynamique forte au sein de ta communauté.

Voici comment trouver ta niche :

- **Réfléchis à ce qui te passionne vraiment** : Quelles sont les thématiques sur lesquelles tu pourrais parler pendant des heures sans te lasser?

- **Identifie un problème que tu sais résoudre** : Ta niche doit être liée à un problème que les gens ont réellement besoin de résoudre. Plus le problème est précis, plus ta communauté sera engagée.

https://www.skool.com/profitskool/about

- **Pense à ton audience idéale** : Qui est ton client de rêve?

_____

_____

- Quelles sont ses problématiques?

_____

_____

- Quelles sont ses valeurs?

_____

_____

Une fois que tu sais qui tu veux attirer, tu pourras orienter ta communication directement vers ces personnes.

Dans PROFIT SKOOL j'ai aussi développé des outils dynamiques pour t'aider avec ça.

MAXIMI$€ Buddy va te guider étape par étape donc vient nous rejoindre dans PROFIT $KOOL pour rencontre des gens KOOL et MAXIMI$€ Buddy.

La clé est de choisir une niche qui te passionne et qui répond à un besoin. Skool te permet de créer un espace pour ces personnes et d'y apporter une valeur exceptionnelle.

https://www.skool.com/profitskool/about

Une fois ta niche clairement définie, ta communication devient plus efficace et tes membres se sentiront chez eux dans ta communauté.

Je t'invite à venir nous partager ta niche dans PROFIT $KOOL, la communauté KOOL et gratuite, conçue pour nous propulser ensemble!
https://www.skool.com/profitskool/about

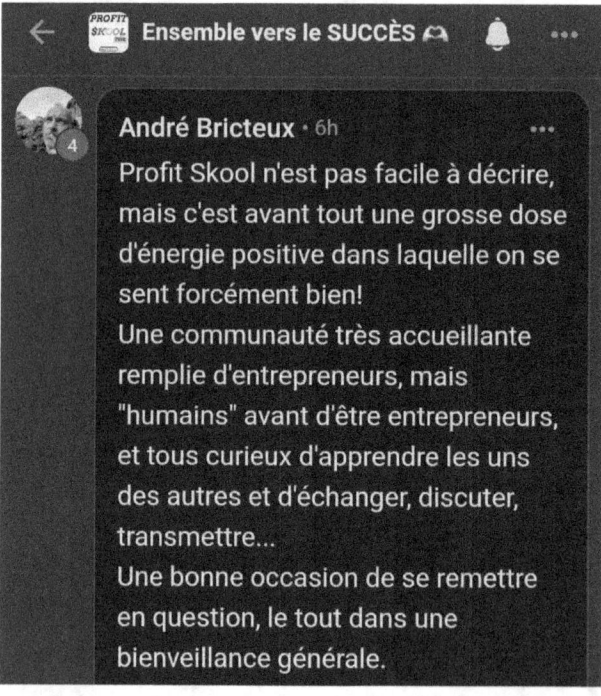

ENSEMBLE vers le SUCCÈS, je t'invite à venir nous rejoindre dès maintenant dans PROFIT $KOOL.

Tu recevras le soutien que tu mérites, ainsi que des bonus complémentaires à ce premier tome de SKOOLpreneur.

Et là passons à la valeur que ta communauté Skool va apporter à tes membres donc poursuis ta lecture maintenant.

Chapitre 3. Créer une Proposition de Valeur Irrésistible

Pour que ta communauté prenne vie, tu as besoin d'une proposition de valeur qui attire instantanément les personnes de ta niche.

Ta proposition de valeur est la promesse que tu fais à tes futurs membres.

C'est ce qui répond à leurs problèmes les plus pressants et les incite à rejoindre ton espace sur Skool.

Pour créer une proposition de valeur irrésistible, pense à ces points :

- **Quel résultat promets-tu à tes membres?** Ils doivent savoir clairement ce qu'ils vont gagner en rejoignant ta communauté. Est-ce qu'ils vont acquérir des compétences? Accéder à un réseau de soutien?

_____

_____

- **Qu'est-ce qui te différencie?** Pourquoi toi, et pas quelqu'un d'autre? Mets en avant ton expérience unique, ton style, ou ta manière de présenter le contenu qui te rend spécial.

_____

_____

https://www.skool.com/profitskool/about

- **Comment vas-tu créer un effet WOW?** Pense à un bonus ou un avantage qui fera la différence. Peut-être un coaching privé, une séance Q&A en direct, ou un contenu exclusif. Ce qui est important, c'est de créer quelque chose qui rend l'adhésion irrésistible.

Il n'y a ni bonnes ni mauvaises réponses. La pire réponse, c'est : **"Je vais attendre que tout soit parfait avant de me lancer."**

Ça, c'est la recette de la procrastination ou, comme certains diront, du perfectionnisme.

Pour moi, le perfectionnisme n'est rien d'autre qu'une procrastination déguisée pour ne pas dire: procrastination sexy.

Dans **PROFIT SKOOL**, notre mot d'ordre, c'est : **PROGRESSION au-dessus de la perfection.**

Plus tu lances rapidement, plus tu peux ajuster rapidement. Et comme il y a encore peu de communautés vraiment KOOL, je t'invite à lancer la tienne dès maintenant.

MAXIMI$€R ton essai gratuit de 14 jours en scannant ce QR code, viens célébrer dans **PROFIT $KOOL**, et profite des bonus que j'ai pour toi.

Alors, scanne le code maintenant, démarre ton essai gratuit de 14 jours.

Si tu n'es pas satisfait, tu peux annuler au jour 13 sans aucune question, et tu n'auras rien à payer.

https://www.skool.com/profitskool/about

Avant de passer à la partie 2 où on va couvrir la construction de ta communauté nous allons prendre le temps de résumer ce qu'on a vue ensemble dans la partie un.

Ta proposition de valeur doit être claire et percutante, puis assure-toi qu'elle résout un vrai problème pour ton audience.

Avec une promesse forte et différenciatrice, tes futurs membres auront toutes les raisons de te rejoindre et de s'engager pleinement dans ton espace Skool.

En posant ces fondations solides, tu crées les bases nécessaires pour attirer, engager et inspirer ta communauté.

Une vision claire, une audience précise et une proposition de valeur puissante sont les trois piliers qui te permettront de lancer et de faire prospérer ton espace Skool avec succès.

Mais garde en tête que, pour que tout ça se **matérialise**, il te faut une **communauté Skool** hihi, sinon ce n'est qu'un autre livre théorique.

Ici, on est des **adeptes de l'action**, car on sait que **l'action rend la vie plus vivante** !

Alors, passons dès maintenant à la **construction de ta communauté** avec la **section 2** de ce premier tome : **SKOOLpreneur !**

Tourne la page maintenant.

https://www.skool.com/profitskool/about

Partie 2 : Construction de Ta Communauté sur Skool

1) Si tu n'as pas encore lancer ta communauté ou si tu veux en lancer une autre ET obtenir mes bonus, scanne ce QR code, lance ta communauté gratuitement pour les 14 premiers jours (seulement 99 $ après, et si tu n'aimes pas, tu peux annuler sans frais).

2) Demande tes bonus (plus de 5 000$ de bonus) dans PROFIT SKOOL. Oui, pour ça tu dois rejoindre PROFIT $KOOL.
https://www.skool.com/profitskool/about

3) Alors, **scanne ce code** dès maintenant pour **lancer ta communauté**!

4) Programme ta communauté au fur et à mesure que tu avances dans ta lecture.

Tu as **14 jours** pour décider si tu veux **garder ta communauté**. Profite-en pour découvrir tous les **bonus** que je te réserve en utilisant **mon lien d'affilié**.

https://www.skool.com/profitskool/about

Chapitre 4. Configuration de Ton Espace Skool

Une fois que ta vision est claire et que tu as identifié ton audience idéale, il est temps de te mettre au travail sur le côté technique et créatif : configurer ton espace Skool.

La configuration de ton espace est essentielle, car elle détermine la façon dont tes membres interagiront avec toi et entre eux.

Un espace bien configuré peut faire toute la différence entre une communauté stagnante et une communauté dynamique et engagée.

Pour commencer, assure-toi que ton espace Skool est facile à naviguer.

Crée des catégories qui couvrent les principaux sujets de ta communauté.

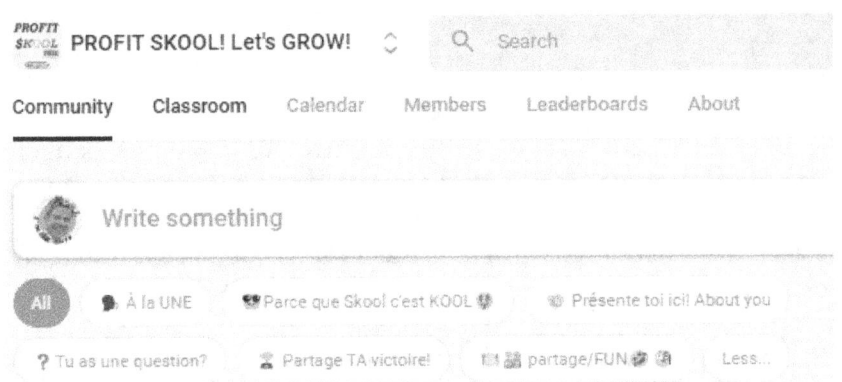

Par exemple, si ton espace est dédié au développement personnel, tu pourrais avoir des catégories comme : "Mindset", "Objectifs", "Santé" et "Finances".

https://www.skool.com/profitskool/about

Ces catégories aident à structurer les discussions et permettent aux membres de trouver rapidement les informations pertinentes.

Ensuite, il est crucial de bien choisir l'apparence visuelle de ton espace.

Utilise des images de haute qualité et des couleurs qui reflètent ta marque.

Un espace visuellement attrayant renforce l'engagement et aide les membres à se sentir connectés à ton univers.

Assure-toi également de personnaliser ton profil et la présentation de ton groupe pour qu'ils reflètent ta personnalité et tes valeurs.

Enfin, configure les permissions et les niveaux d'accès.

Choisis qui peut voir quoi et comment les membres peuvent interagir.

Tu veux encourager l'engagement sans que cela devienne chaotique.

Par exemple, tu pourrais décider que seuls les membres avancés peuvent poster de nouveaux sujets, tandis que tous les membres peuvent commenter et participer aux discussions.

https://www.skool.com/profitskool/about

Unlock chat at Level 2 (On)
Reduce DM spam by requiring members to be at Level 2 to chat.

EDIT

Unlock posting at Level 2 or 3 (On)
Reduce low quality posts by requiring members to be at Level 2 to post.

EDIT

Moi, j'aime **restreindre l'accès** au chat et aux publications des nouveaux membres jusqu'au niveau 3.

Pourquoi? Parce que ça filtre automatiquement ceux qui sont là juste pour **spammer**, sans effort de ma part.

Tu as peut-être remarqué que **cette partie 2** est beaucoup plus **technique**, et c'est pour cette raison que je t'encourage fortement à être un **lecteur actif**.

5) Si tu n'as pas encore lancer ta communauté ou si tu veux en lancer une autre ET obtenir mes bonus, scanne ce QR code, lance ta communauté gratuitement pour les 14 premiers jours (seulement 99 $ après, et si tu n'aimes pas, tu peux annuler sans frais).

6) Demande tes bonus (plus de 5 000$ de bonus) dans PROFIT SKOOL. Oui, pour ça tu dois rejoindre PROFIT $KOOL.
https://www.skool.com/profitskool/about

7) Alors, **scanne ce code** dès maintenant pour **lancer ta communauté!**

8) Programme ta communauté au fur et à mesure que tu avances dans ta lecture.

9) Tu as **14 jours** pour décider si tu veux **garder ta communauté**. Profite-en pour découvrir tous les **bonus** que je te réserve en utilisant **mon lien d'affilié**.

https://www.skool.com/profitskool/about

Chapitre 5. Structurer Ton Contenu pour Favoriser l'Engagement

Le contenu est le carburant de ta communauté.

Il attire les membres, les incite à rester et à participer.

Pour que ta communauté sur Skool soit active, tu dois structurer ton contenu de manière stratégique.

Et les membres doivent être encourager à publier car sinon on reproduit l'expérience Groupe Facebook de rejoind mon groupe et voit comme JE SUIS bon.

Les autres ne veulent pas nous écouter temps et aussi longtemps qu'ils ne vont pas sentir qu'on les apprécie vraiment.

Donc une communauté n'est pas par rapport au leader mais par rapport au membre. Et c'est pour ça que PROFIT $KOOL ce n'est pas Karl Roussel.

NOUS sommes PROFIT $KOOL!

https://www.skool.com/profitskool/about

Toi qui es KOOL!

Tu souhaites avancer ensemble, si tu veux rejoindre une communauté où on s'entraide et se soutient, où nous sommes :

ENSEMBLE vers le SUCCÈS, je t'invite à venir nous rejoindre dès maintenant dans PROFIT $KOOL.

Tu recevras le soutien que tu mérites, ainsi que des bonus complémentaires à ce premier tome de SKOOLpreneur.

Scanne ce QR code, maintenant, ou va sur

https://www.skool.com/profitskool/about

Commence par identifier les différents types de contenu que tu vas créer. Cela peut inclure :

- **Modules de formation** : Crée des modules de formation sur les sujets les plus pertinents pour ton audience.
  Sur Skool, tu peux structurer tes formations en plusieurs

https://www.skool.com/profitskool/about

parties, avec des vidéos, des documents, et même des quiz pour rendre l'apprentissage interactif.

- **Posts engageants** : Il ne s'agit pas seulement de partager des informations, mais de poser des questions et d'encourager les discussions.
  Par exemple, commence un post par une question comme "Quel est votre plus grand défi en ce moment concernant [sujet] ?".
  Les posts qui invitent les membres à partager leurs expériences suscitent plus d'engagement.

- **Sessions live et Q&A** : Organise des sessions en direct pour que tes membres puissent poser leurs questions en temps réel.
  Ces moments live permettent de renforcer la connexion humaine et d'apporter de la valeur immédiate.

N'oublie pas d'utiliser des outils comme MAXIMI$€ Buddy pour t'aider à générer des idées de contenu et maintenir une régularité. Les membres de PROFIT $KOOL y ont accès.

Le secret est de rester constant et de proposer du contenu varié.

SURTOUT, sois toi-même tout simplement.

Pas besoin de milliers de membres, simplement quelques dizaines qui veulent vraiment être là.

Maintenant, passons au prochain chapitre pour se concentrer sur l'attraction des premiers membres.

Chapitre 6. Lancer et Attirer Tes Premiers Membres

Ton espace est configuré, ton contenu est prêt, il est temps de lancer ta communauté!

Le lancement est une étape critique car c'est à ce moment-là que tu vas poser les bases de ton engagement futur.

Voici comment lancer de manière efficace :

- **Crée une stratégie de lancement** :
  Ne te contente pas d'inviter des gens au hasard.
  Crée une stratégie qui attire les bonnes personnes dès le début.
  Cela pourrait inclure une campagne sur les réseaux sociaux, l'utilisation de ta liste d'e-mails existante, ou même une série de vidéos teasing sur YouTube.
  Moi j'adore les invitations personnalisées par vidéo dans Messenger (pas une vidéo générale. Une vidéo où on parle à la personne avec son prénom)

- **Offre une valeur exceptionnelle dès le début** :
  Pour attirer tes premiers membres, tu dois leur montrer ce qu'ils gagnent en rejoignant ta communauté.
  Cela pourrait être un accès gratuit à un de tes modules de formation, un ebook, ou une offre exclusive.
  Fais en sorte que ton audience ait une vraie raison de rejoindre ton espace dès le départ.
  La clé est d'être présent pour accueillir tes invités comme si tu les recevais à dîner chez toi. La majorité d'entre eux ne viendront pas seulement pour le contenu,

ils veulent te voir, toi, ainsi que les autres invités, car les gens KOOLs aiment se rassembler ensemble.

- **Transforme tes premiers membres en ambassadeurs** : Une fois que tu as tes premiers membres, implique-les profondément.

  Demande-leur de participer, de donner leur feedback, et encourage-les à inviter d'autres personnes.

  Plus tes premiers membres sont impliqués, plus ils deviendront des ambassadeurs naturels de ta communauté.

  En plus, ils deviendront des catalyseurs qui aideront à stimuler la discussion et à encourager les nouveaux arrivants.

Le lancement est une occasion de poser les bases de ta culture de communauté.

Assure-toi de montrer clairement les valeurs de ton espace, l'esprit de collaboration, et la promesse que tu fais à tes membres.

Ce sont ces éléments qui feront que les membres voudront rester et inviter d'autres à te rejoindre.

Tu veux vivre l'expérience tout en lançant ta communauté?

La meilleure façon est de rejoindre une communauté et d'y devenir un membre actif.

Ce que tu vas développer en tant que membre d'une communauté dirigée par un autre leader influencera en grande partie la culture de ta propre communauté.

Donc, en même temps que tu structures, lances et accueilles tes premiers membres, rejoins PROFIT SKOOL pour devenir un top membre KOOL.

https://www.skool.com/profitskool/about

1) Si ce n'est pas déjà fait, scanne ce QR code, lance ta communauté gratuitement pour les 14 premiers jours (seulement 99 $ après, et si tu n'aimes pas, tu peux annuler sans frais).

2) Demande tes bonus (plus de 5 000$ de bonus) dans PROFIT SKOOL. Oui, pour ça tu dois rejoindre PROFIT $KOOL. https://www.skool.com/profitskool/about

3) Sois un membre KOOL et crée la culture de ta propre communauté !

Avec cette deuxième partie, tu as maintenant tous les outils pour créer un espace qui attire et engage ta communauté.

Le succès de ta communauté Skool dépendra de la qualité de l'expérience que tu offres à tes membres et de la manière dont tu structures cette expérience.

En configurant correctement ton espace, en organisant du contenu engageant, et en lançant de manière stratégique, tu crées un environnement où chacun a envie de contribuer, de grandir, et d'être une partie active de ton projet.

Avant de poursuivre à la partie 3, je veux prendre le temps de te parler des vraies affaires.

https://www.skool.com/profitskool/about

Chapitre b) L'entrepreneuriat c'est passionnant, le fun et DIFFICILE!

Tu ne me connais pas ou peu! Alors entrons dans le vrai TRUC maintenant.

Merci au mouvement SKOOL de m'avoir ramené dans le game !

Voici pourquoi je suis totalement investi dans Skool après 1000 appels et après avoir aidé des centaines des meilleurs entrepreneurs à réussir grâce à la stratégie des groupes Facebook.

Skool est vraiment l'endroit KOOL pour les VRAIS gens qui veulent se K'necter avec d'autres leaders, faire de l'argent et avoir un impact significatif.

https://www.skool.com/profitskool/about

Alors, voici un peu plus sur moi :

LA VIDÉO : certains de mes meilleurs conseils pour faire grandir une communauté et pourquoi je suis totalement engagé dans Skool.

Une partie de mon histoire et pourquoi je suis fatigué de perdre seul... Il est temps de GAGNER ENSEMBLE!

Vidéo disponible au: https://www.skool.com/profitskool/about

Été 2024: La vérité est que j'ai prié Dieu pour qu'Il me guide. Je Lui ai demandé de me mener au bon endroit, avec facilité, et de m'épater.

10 octobre 2024

La dernière fois que je me suis senti comme ça (octobre 2022, des choses incroyables se sont produites (quelques chiffre à la page suivante), mais maintenant c'est encore mieux car Dieu est au centre :

https://www.skool.com/profitskool/about

- J'ai généré **150 000$ en une semaine** (6 appels, offres à 30k chacune) (octobre 2022).

- J'ai aidé une experte, qui n'avait pas d'offre de coaching, à générer **30 000$ en six semaines**.

- J'ai guidé une top closer pour atteindre **100k en un an** — en fait **94 000$ en cinq mois** (du 1er janvier au 2 juin 2023).

Tu te dis peut-être: Wow, Karl, impressionnant!

Mais cela a aussi mené à ma chute...

- J'ai emprunté **20 000$** pour sauver une relation.

- J'ai acheté du coaching à 25 000$ qui n'était pas l'environnement promis sur l'appel.

- J'ai payé **25 000$** pour un autre coaching... et investi encore plus, plus, plus pour essayer de remplir mon vide intérieur par l'extérieur.

Résultats plus en dettes que jamais et là j'ai la capacité de générer beaucoup plus d'argent que la moyenne.

À travers tous ces hauts et ces bas, j'ai été mis à genoux — littéralement.

C'est durant un moment de prière profonde, me sentant perdu et brisé, que j'ai compris que Dieu ne me punissait pas. Au lieu de cela, Il me guidait pour comprendre que mon rôle était de servir les autres, pour Sa joie et Sa Gloire.

https://www.skool.com/profitskool/about

J'ai senti qu'Il me donnait une nouvelle chance de faire les choses de la bonne manière.

Le parcours

- **Un lundi d'octobre 2023** : priant au bord de la rivière, pleurant à Dieu, me sentant perdu et confus.

J'ai demandé de l'aide, et mardi matin j'ai reçu une offre d'un coach exceptionnel. **Kirk Westwood** m'a dit :

"Karl, tu as besoin d'un maître, et en ce moment, c'est moi ton maître."

*[Je ne sais pas comment toi, tu réagirais si quelqu'un te disait cela... Mais pour être honnête, la **véritable nature de Karl Roussel**, c'est que si tu penses que je vais accepter d'appeler quelqu'un "mon maître", tu te trompes. **Oui, c'est de l'orgueil.** Et ma vraie nature préférerait presque rester médiocre plutôt que de goûter pleinement à la vie... Parce que, dans ma tête, ce n'est pas "dans ma nature" d'avoir un maître.*

*Mais, parlons un peu de cette fameuse "vraie nature". Et si, au lieu de nous accrocher à cette idée, nous choisissions d'incarner la nature de **Notre Créateur** ? Une nature **illimitée** en Jésus, car **le Père** est le Dieu de la **création** et de l'**abondance**.*

*Moi, c'est ce que je choisis, **HAUT et FORT !]***

Mais comme le: "Je suis ton maître" de Kirk n'était pas assez..

Il a ajouté : "Dans 6 mois, je ne sais pas où tu en seras, mais pour l'instant, tu souffres et je peux t'aider."

J'ai répondu sans hésitation : "100 %, je sais que tu peux m'aider, mais je te préviens, **je n'ai plus d'argent**. Il ne me reste que de la place sur mes cartes de crédit."

Il m'a alors invité à **prier pendant 48 heures** et à tout confier à Dieu, sans filtre, tout ce que j'avais sur le cœur.

J'étais surpris. "Ah bon, on peut se plaindre et chialer à Dieu?

Moi, je suis doué pour ça (J'ai eu le titre de chialeux favorie à l'université d'une collègue)!" Donc, c'est ce que j'ai fait.

Kirk m'a dit ensuite : "Tu vas recevoir un plan, et ensemble, on va le suivre."

Le plan que j'ai reçu de Dieu ne faisait absolument **aucun sens**.

Je devais proposer à Kirk 6 mois de coaching pour **15 000 $ US**.

Pour un coach de son calibre, qui a déjà reçu des offres à **100 000 $** pour coacher des célébrités, cela n'avait pas de sens.

Et encore moins que j'investisse **à nouveau** 15 000 $ US, soit **23 000 $ canadiens**, alors que je n'avais que mes cartes de crédit pour financer cela.

Mais voilà, je me suis confronté ou je devrais dire Dieu m'a confronté : "Karl, tu dis que tu crois en Dieu. Tu sais que ce plan vient de Lui."

Mon cœur était tiraillé : **Oui, je le sentais**, mais je m'étais déjà convaincu que mes plans précédents venaient de Dieu, et cela m'avait mené droit dans le mur.

Comment savoir que cette fois, c'était vraiment **Sa volonté**?

Pourtant, cette fois, c'était différent.

https://www.skool.com/profitskool/about

J'avais prié pendant 48 heures, j'avais peur que Kirk refuse, mais au fond de moi, je savais que je devais le faire.

Alors **GO**...

Ce fut une aventure complètement folle.

Un coaching d'un niveau exceptionnel, centré sur la K'nexion à mon **intuition**, qui a transformé ma vie.

Et aujourd'hui encore, le travail que j'ai entamé avec Kirk continue de porter ses fruits.

Et comme souvent, quand on prend une décision qui fait pas de sens humainement, mais dans le plan de Dieu oui.

La descente continue:

- **15 mars 2024** : j'étais endetté de **259 570$**, sans argent, et 10k disponibles sur une carte de crédit. Je savais que quelque chose devait changer.

Grâce à la détermination et à la Foi, le 14 juin 2024, j'ai réussi à réduire ma dette à **88 000$** et à économiser **30 000$**.

C'était un moment d'espoir, un signe que les choses pouvaient peut-être changer.

- **14 juin 2024** : j'avais réduit ma dette à **88 000$** et j'avais **30k** sur mon compte en banque.

https://www.skool.com/profitskool/about

Dieu m'a dit de mettre cet argent de côté pour respirer.

- **Septembre 2024** : j'étais vraiment stressé parce que les **30k** s'épuisaient. Deux proches sont décédés, et Dieu m'a dit : "Karl, tout ira bien.
Fais-moi confiance. Prends soin de toi et sois là pour ta famille."

Novembre 2024 au moment d'écrire ces lignes, l'aventure se poursuit.

Si tu veux entendre cette aventure je t'invite à aller dans PROFIT $KOOL pour visionner cette vidéo

Vidéo disponible au: https://www.skool.com/profitskool/about

https://www.skool.com/profitskool/about

Chapitre c) Pourquoi suis-je autant excité par SKOOL et que je t'invite à lancer ta communauté sur Skool maintenant?

Maintenant, je comprends totalement ce que je faisais à l'époque lorsque j'ai aidé le plus grand coach d'affaires sur le marché francophone à franchir le cap des **7 chiffres**.

LA COMMUNAUTÉ est la chose et SKOOL est la KOOL opportunité!

- **Septembre 2019** : je suis devenu le premier membre d'une équipe qui a révolutionné le monde du coaching en francophonie.
  J'étais le "closer" de l'équipe de Joël Billodeau et l'offre était la méthode KLT.
  Mon revenus le premier mois **750$** de commission.

L'Offre : Créer un groupe Facebook pour vendre ses services

FUN fact : le créateur de la stratégie du groupe Facebook, c'est **Sam Ovens**.

Mais voilà le truc intéressant : **Sam a mis de côté cette stratégie**, même si elle l'a rendu millionnaire.

POURQUOI?

https://www.skool.com/profitskool/about

Je vais creuser cette question dans le tome 2 ou 3 de **SKOOLpreneur**, mais pour l'instant, voici ce que je sais :

Sam aime tellement l'esprit de communauté qu'il a décidé de **créer Skool**. Oui, le même gars qui a inventé et popularisé la stratégie des groupes Facebook a laissé tout cela derrière lui pour se concentrer sur Skool.

Mais ce n'est pas tout...

Qui a investi dans Skool et nous coache pour faire croître nos entreprises? **Alex Hormozi**. Oui, **Monsieur 100M Offers** et **100M Leads** lui-même.

Cela montre bien qu'il y a quelque chose de puissant derrière **Skool** et la manière dont cela redéfinit la façon dont nous construisons des communautés en ligne.

- **Décembre 2019** : je gagnais de l'argent mais n'avais pas de temps. C'était juste le coach, moi, et un appointment setter. J'ai fait **18 560$** de commission — cash en banque!

- **Janvier 2020** : nous avons grandi — ajouté un copywriter à plein temps et un autre closer.

- L'argent est là, mais je n'ai plus de temps. Je dois créer un système pour engager la communauté gratuite pour faciliter mon travail sur les appels et les autres closers ont bien aimé aussi.

https://www.skool.com/profitskool/about

- **Mai 2020** : Je prenais seulement 2 heures par jour pour les appels parce que je me concentrais sur les suivis et l'engagement dans la communauté.

- Résultats du système et la création de valeur. J'ai fait **29 404$** de commission en un mois.

Je ne partage pas cela pour t'impressionner (souviens-toi, mars 2024 : plus d'un quart de million de dettes, pas d'argent, et 10k sur une carte de crédit).

Mais maintenant, j'ai ce fort sentiment — ce qui se passe maintenant est une seconde chance pour moi.

J'ai gagné **211 000$** de commission — cash en banque — en **11 mois**, et plus de **1 000 000$** en ventes.

Nous avons commencé avec seulement un groupe Facebook, Joël et moi.

Mon partenaire était à **50k par mois**, donc pas encore au cap des 7 chiffres par année.

Selon moi, Skool est véritablement destiné aux experts qui ont à cœur l'humain.

Skool, c'est pour **l'expert** qui souhaite d'abord **K'necter** avant de penser à la transaction. Et parce qu'il adopte cette approche, parce qu'il se consacre à servir sa communauté avec générosité, il finit par recevoir bien plus d'argent que ce dont il a personnellement besoin.

Je suis persuadé que **Dieu** souhaite que **Son peuple attire des ressources financières** pour ensuite les redistribuer au sein de la société, pour le plus grand bien collectif.

https://www.skool.com/profitskool/about

Aujourd'hui, les **Petites Entreprises à Impact Global (P-E-I-G)** ont la possibilité unique de se concentrer sur la **K'nection**, tout en automatisant le reste pour rendre leurs activités plus fluides et efficaces.

Cependant, **l'IA et les automatisations ne vendent pas pour l'expert**. L'humain achète auprès d'un humain. Cela signifie que **l'expert doit se laisser "acheter"**, en s'ouvrant aux relations authentiques. Pour tout le reste, il existe des systèmes automatisés que l'on peut mettre en place (nous y reviendrons dans le **chapitre 12**).

L'avenir et l'abondance appartiennent à ceux:

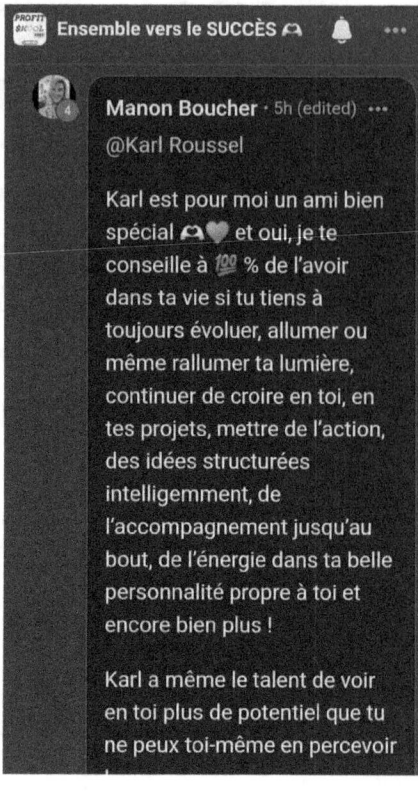

Il possède une empathie sincère, une présence rassurante et un engagement inébranlable, avec une écoute au-delà de tout ce que tu peux imaginer, parfois même à couper le souffle 😶.

Karl prend vraiment à cœur tout ce qu'il entreprend pour toi. Un professionnel passionné et dévoué dans sa mission ⏎

Manon 🤍

- Qui acceptent d'être **l'expert lumineux** qu'ils sont réellement
- Qui se lancent avec joie dans le changement et cette évolution **ultra rapide**
- Qui mettent en place les systèmes adéquats
- Et qui acceptent d'être accompagnés par des experts capables de les guider **un pas à la FOI$** dans la matérialisation de leur mission spirituelle.

https://www.skool.com/profitskool/about

L'avenir et l'abondance appartiennent à **ceux qui appliquent l'information** et qui sont capables d'amener leurs clients à **passer à l'action**.

Nous ne sommes plus à l'ère de l'information.

Nous sommes à l'ère de l'application de l'information!

Tu veux t'entourer d'experts qui appliquent concrètement leurs connaissances et qui soutiennent les autres à faire de même?

Je t'invite à rejoindre **PROFIT $KOOL** dès maintenant.

Dans cette communauté, tu seras **inspiré à passer à l'action**, soutenu par d'autres membres **KOOLs**, tout en accédant à des outils et systèmes **IA** pour te propulser encore plus loin.

Je partagerai également avec toi mon **expérience de plus de 12 ans** sur le web et mon parcours dans la création de **communautés KOOL** qui transforment des vies.

https://www.skool.com/profitskool/about

PROFIT $KOOL est là pour toi.

Il est possible qu'un léger investissement te soit demandé, mais c'est pour **maintenir la qualité des membres** au plus haut niveau.

La culture et l'entraide sont cruciales pour nous, et c'est pourquoi il peut y avoir maintenant une contribution symbolique de **1 à 8 $ par mois** pour faire partie de cette aventure.

Cependant, si tu lis ces lignes maintenant, tu as peut-être encore **l'opportunité d'intégrer les membres fondateurs.**

Ne tarde pas!

Toi qui es KOOL!

Tu souhaites avancer ensemble, si tu veux rejoindre une communauté où on s'entraide et se soutient, où nous sommes :

ENSEMBLE vers le SUCCÈS, je t'invite à venir nous rejoindre dès maintenant dans PROFIT $KOOL.

Tu recevras le soutien que tu mérites, ainsi que des bonus complémentaires à ce premier tome de SKOOLpreneur.

Scanne ce QR code, maintenant, ou va sur https://www.skool.com/profitskool/about

Maintenant, poursuivons ton aventure de **création de mouvement avec ta communauté SKOOL** avec la **partie 3** !

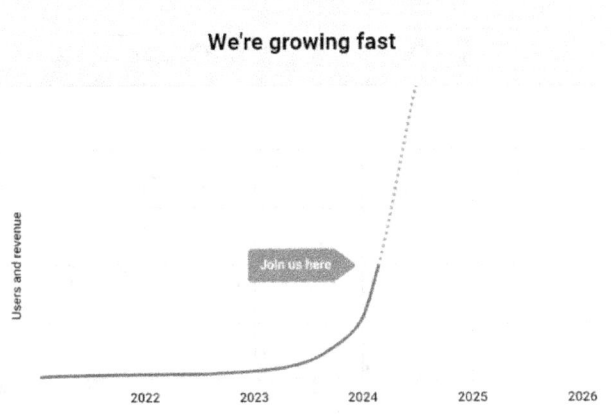

Maintenant on poursuit ton aventure de création de mouvement avec ta communauté SKOOL avec la partie 3!

Go à la page suivante.

https://www.skool.com/profitskool/about

Partie 3 : Techniques Avancées pour Maximiser l'Engagement

Pour rester dans le thème de **l'application** de l'information, et puisque nous abordons des techniques avancées, cela suppose que tu as déjà ta **communauté Skool** en place.

Mais si ce n'est pas encore le cas, **pas de souci** ! Voici comment obtenir **14 jours gratuits** ainsi que **plus de 5 000 $ de bonus** pour te lancer :

Pas encore ta communauté sur Skool?

Scanne ce code et lance-toi dès maintenant.

https://www.skool.com/profitskool/about

Chapitre 7. Créer des Défis et Événements pour Stimuler l'Interaction

L'un des moyens les plus efficaces pour maximiser l'engagement au sein de ta communauté Skool est de créer des défis et des événements réguliers.

Ces activités donnent à tes membres une raison de revenir souvent et favorisent un sentiment de camaraderie au sein de ton groupe.

Les défis créent une dynamique d'émulation, de participation et de résultats concrets.

Bekwadi Bito
15d ago in 🏆 Partage TA victoire!

3ème victoire du PLAN DE MATCH de P$ 🏆

1. Probably 200 messages d'annonces de plus de mon FREE 5DAY CHALLENGE pour les Online Entrepreneurs, Coach et Consultant qui veulent obtenir leurs premières ou prochaines ventes high ticket en seulement 5 jours d'action!!!! (mes Skool DMs, toutes mes listes Whatsapp...)

2. Utiliser @Maximise Buddy.ai
pour écrire mon énoncé de mission! J'ai désormais fait étapes 1 "Le Pourquoi"... et 2 "Le Client Idéal"
Je mets les résultats en commentaire 👇

Je vais continuer tomorrow inch'Allah! ("Si Dieu le Ve... See more

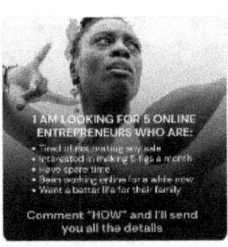 

Commence par planifier des défis hebdomadaires ou mensuels, en fonction de la thématique de ta communauté.

https://www.skool.com/profitskool/about

Par exemple, si tu diriges une communauté sur le développement personnel, tu pourrais organiser un "Défi Clarté Matinale" où chaque membre s'engage à partager son intention pour la journée.

Les défis devraient être orientés vers des actions simples mais puissantes qui génèrent des résultats tangibles.

Ce genre de pratique permet de renforcer l'habitude de participer activement et de voir des progrès personnels.

Les événements en direct, comme des sessions de Q&A ou des ateliers pratiques, sont aussi un excellent moyen de créer de l'engagement.

Lorsque tu organises un événement en direct, cela donne à tes membres l'opportunité de te rencontrer virtuellement et de poser leurs questions directement.

Les sessions live permettent de briser la barrière de l'écran et de créer une connexion plus personnelle.

https://www.skool.com/profitskool/about

Assure-toi de promouvoir ces événements à l'avance et de rappeler régulièrement leur importance pour encourager un maximum de participation.

Enfin, n'oublie pas d'encourager le partage des résultats et des réussites.

Christina Goulet
10h ago in Partage TA victoire!

Niveau Koolitude baby!!!

Ça y est! Un nouveau niveau de passé! Let's go pour une nouvelle aventure dans le niveau 6!

Crée un espace où les membres peuvent partager leur progression, leurs victoires et les leçons apprises lors des défis.

Annie Allard
3d ago in Partage TA victoire!

Niveau 5 ✻ ✻ ✻ ✻ ✻

Merci d'être là c'est grâce à vous en grande partie si j'ai atteint ce niveau rapidement.
✻ Vos interactions me vont droit au coeur

Cela crée une boucle positive d'encouragement, où les réussites des uns deviennent une source de motivation pour les autres.

Dans le prochain chapitre, on transforme les membres en FAN!

Chapitre 8. Transformer Tes Membres en FAN

Il est essentiel de valoriser les membres les plus actifs de ta communauté.

Ces membres, que nous appelons les vraies FAN, sont les moteurs de ton espace.

Ils posent des questions, apportent des réponses, encouragent les autres, et contribuent à créer une ambiance de soutien et d'entraide.

https://www.skool.com/profitskool/about

Pour transformer tes membres en FAN, il est important de les reconnaître et de les récompenser pour leurs efforts.

Tu peux, par exemple, créer un système de récompenses basé sur l'engagement.

Cela peut inclure des badges, des mentions spéciales lors de tes événements live, ou même des accès exclusifs à du contenu premium.

Skool propose des fonctionnalités qui permettent d'identifier les membres les plus engagés : utilise-les pour mettre en lumière ceux qui contribuent le plus.

Une autre technique puissante est de donner à certains membres des rôles spéciaux, comme celui de "Catalyseur" ou de modérateur.

Ces rôles permettent de responsabiliser les membres les plus actifs, en leur donnant la possibilité d'aider à gérer le groupe et à inspirer les autres.

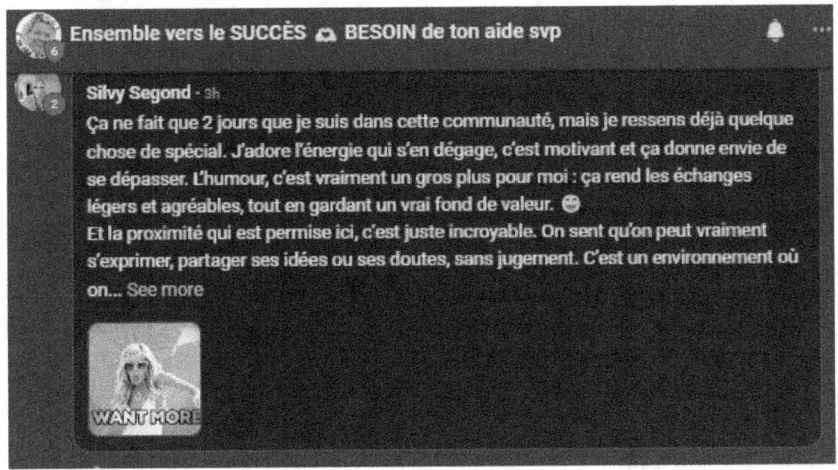

https://www.skool.com/profitskool/about

Cela crée un sentiment d'appartenance fort et fait de ta communauté un véritable espace collaboratif, où chaque membre peut jouer un rôle clé.

N'oublie pas que la reconnaissance doit être sincère et alignée avec les valeurs de ta communauté.

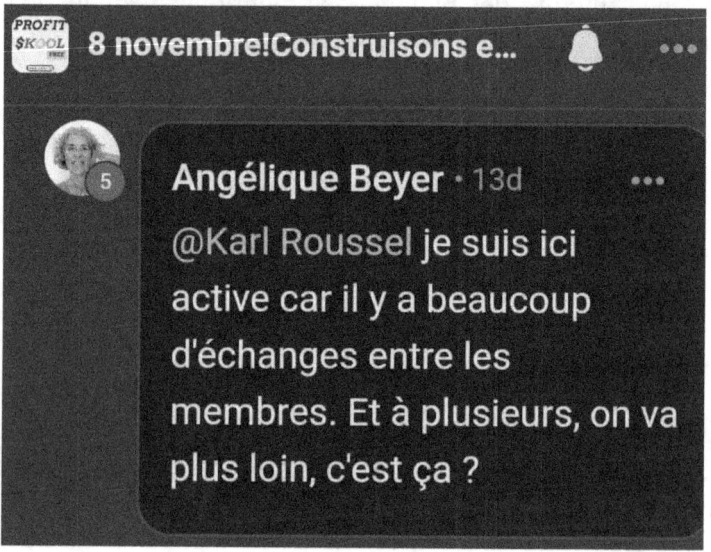

Valoriser tes membres est une manière de les fidéliser et de transformer ton espace Skool en une communauté où tout le monde se sent impliqué et respecté.

Chapitre 9. Gamification et Niveaux d'Engagement

La gamification est une stratégie puissante pour maintenir l'intérêt et l'engagement de tes membres sur le long terme.

En introduisant des niveaux d'engagement, des badges et des récompenses, tu rends la participation plus amusante et stimulante.

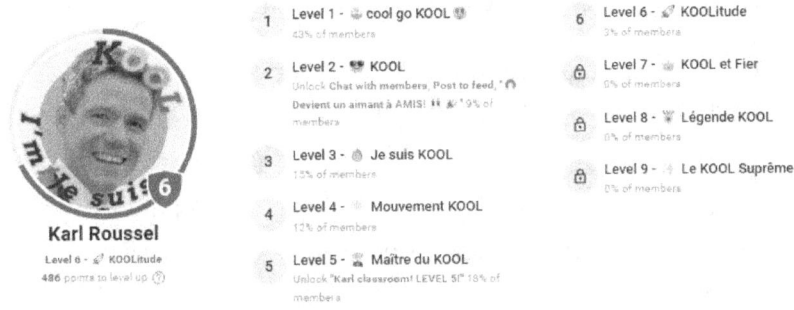

Les gens aiment les défis, et la gamification permet de transformer l'apprentissage et la contribution en un jeu qui donne envie de revenir et de progresser.

Commence par créer des niveaux clairs pour ta communauté.

Par exemple, les membres pourraient commencer en tant que "MAXIMI$€UR à en devenir", puis progresser vers des niveaux comme "MAXIMI$€UR Apprenti(e)", "MAXIMI$€UR Stratégique", jusqu'à "MAXIMI$€UR MULTIPLICATEUR Libre".

https://www.skool.com/profitskool/about

Ces niveaux sont atteints en fonction de l'activité des membres : leur participation aux discussions, leurs contributions aux défis, et leur soutien aux autres.

Tu peux aussi introduire des badges pour des réalisations spécifiques, comme "Premier Post", "Partage d'une Victoire", ou "Participation à un Défi".

Ces badges peuvent être une source de fierté pour tes membres et les inciter à continuer d'avancer.

C'est un moyen ludique de célébrer les petites victoires et de renforcer l'engagement au sein de ta communauté.

Pour rendre la gamification encore plus percutante, pense à des récompenses concrètes pour les membres qui atteignent certains niveaux.

Cela pourrait inclure des sessions de coaching privé, des ressources supplémentaires, ou des accès exclusifs à des événements.

Ces récompenses doivent refléter la valeur de l'engagement des membres et renforcer l'idée que plus ils participent, plus ils reçoivent.

La gamification n'est pas seulement un moyen de maintenir l'engagement : c'est aussi une manière de créer une dynamique saine de progression, où chaque membre est motivé à s'améliorer tout en contribuant à l'ensemble du groupe.

Cela transforme ton espace Skool en une communauté vibrante où l'apprentissage, la collaboration, et le développement personnel deviennent naturels et plaisants.

En appliquant ces techniques avancées, tu pourras maximiser l'engagement de tes membres et faire de ta communauté Skool un espace interactif et dynamique.

Les défis, la valorisation des fans, et la gamification ne sont pas simplement des outils, mais de véritables leviers pour transformer ta communauté en une aventure collective où chaque membre est motivé à grandir et à contribuer.

Avec ces stratégies, ton espace Skool deviendra un lieu où motivation et inspiration se rencontrent, jour après jour.

Tu as sûrement remarqué que la partie 3 est assez courte et plutôt générale, et c'est 100% intentionnel.

Pour moi, il faut suivre le *FLOW*, c'est-à-dire lancer une idée, la mettre en action, et ajuster en cours de route.

Je peux simplement partager avec toi ce qui a fonctionné pour moi, et ce qui fait que des créateurs avec des communautés de milliers de membres jettent un œil à PROFIT SKOOL.

Même des anglophones unilingues sont venus voir de l'intérieur.

https://www.skool.com/profitskool/about

Lance-toi, amuse-toi, et ajuste au fur et à mesure.

Certains de mes premiers membres m'ont demandé : « C'est quoi la gamification dans PROFIT SKOOL ? ». https://www.skool.com/profitskool/about

Et ce sont ces mêmes personnes qui m'ont dit que ça les motivait, et qui sont arrivées au *LEVEL 4* avant même que je n'aie défini les noms de niveaux. Et je n'ai pas encore fini d'ajuster au moment d'écrire ces lignes.

SKOOL, c'est KOOL parce que ça suit le FLOW : on lance, on teste, et on ajuste.

Bonus de tout ce beau travail. La monétisation, alors passons directement à la partie 4!

https://www.skool.com/profitskool/about

Partie 4 : Monétisation de Ta Communauté Skool

1. Si tu n'as pas encore lancer ta communauté ou si tu veux en lancer une autre ET obtenir mes bonus, scanne ce QR code, lance ta communauté gratuitement pour les 14 premiers jours (seulement 99 $ après, et si tu n'aimes pas, tu peux annuler sans frais).

2. Demande tes bonus (plus de 5 000$ de bonus) dans PROFIT SKOOL. Oui, pour ça tu dois rejoindre PROFIT $KOOL.
   https://www.skool.com/profitskool/about

3. Alors, **scanne ce code** dès maintenant pour **lancer ta communauté**!

4. Programme ta communauté au fur et à mesure que tu avances dans ta lecture.

Tu as **14 jours** pour décider si tu veux **garder ta communauté**. Profite-en pour découvrir tous les **bonus** que je te réserve en utilisant **mon lien d'affilié**.

https://www.skool.com/profitskool/about

Chapitre 10. Lancer Ton Offre Payante

Maintenant que ta communauté est bien établie, il est temps de penser à la monétisation.

Pour cela, il est essentiel de créer une offre payante qui soit alignée avec les besoins de tes membres et leur apporte une valeur exceptionnelle.

Ta communauté a déjà développé une relation de confiance avec toi, et c'est cette confiance qui va te permettre de convertir les membres gratuits en clients payants.

Pour lancer une offre payante, commence par identifier un problème spécifique que tes membres cherchent à résoudre et propose une solution qui apporte une valeur tangible.

Par exemple, si ta communauté est centrée sur le marketing digital, tu pourrais proposer un programme intensif de six semaines pour aider tes membres à lancer leur première campagne publicitaire réussie.

Et comme on le sait, après un premier lancement viennent les ajustements nécessaires et le lancement d'une nouvelle campagne, la continuité mensuelle se fera naturellement.

Cette approche permet non seulement de générer des résultats rapides pour tes membres et surtout des résultats DURABL€$.

Et également de créer un maintien continu qui génère des revenus récurrents pour toi.

Il en va de même pour d'autres domaines comme la perte de poids, le développement du mindset, les ventes, ou encore l'apprentissage d'un instrument de musique.

1. **Détermine la transformation rapide** que tu veux offrir.

_____

_____

2. **Élabore un plan pour maintenir cette transformation** afin d'assurer une continuité et des résultats durables.

_____

_____

Une offre claire, qui promet un résultat précis, attirera plus facilement tes membres.

Il est important de structurer cette offre de manière à la rendre irrésistible.

Tu pourrais créer une offre limitée dans le temps, avec des bonus exclusifs pour ceux qui s'inscrivent rapidement.

Cela crée un sentiment d'urgence et incite tes membres à agir immédiatement.

Pense aussi à utiliser des témoignages de membres qui ont déjà bénéficié de ton savoir-faire.

Ces témoignages crédibilisent ton offre et montrent à tes membres potentiels les résultats qu'ils peuvent espérer.

Pour tous tes besoins pour t'aider à brainstromer une offre, page de vente, courriel de vente, posts de médias sociaux, idées de vidéos Youtube.

MAXIMI$€ Buddy est là pour t'aider dans PROFIT $KOOL ou dans la communauté SKOOLpreneur.

Enfin, facilite le passage à l'acte en offrant plusieurs options de paiement.

app.maximisebuddy.ai

Le but est de rendre l'accès à ton offre aussi simple et fluide que possible, de sorte que les membres n'hésitent pas au moment de franchir le pas.

La table est mise, continuons au prochain chapitre maintenant.

Chapitre 11. Stratégies de Monétisation

Pour générer des revenus durables à partir de ta communauté Skool, il est essentiel de diversifier tes stratégies de monétisation.

Voici trois approches qui peuvent t'aider à maximiser les profits tout en offrant une valeur continue à tes membres :

- **Abonnements Mensuels ou Annuels** :
  Propose un accès exclusif à des contenus premium, des sessions de coaching de groupe, et des ressources spécialisées.
  Un modèle d'abonnement est idéal pour créer des revenus récurrents, surtout si le contenu de ta communauté est constamment mis à jour et que les membres y voient une valeur ajoutée constante.
  Les abonnements peuvent inclure des formations avancées, des Q&A réguliers, ou des séances en direct avec des experts invités.

- **Coachings Individuels ou de Groupe** :
  Certaines personnes dans ta communauté seront prêtes à payer pour obtenir des conseils personnalisés.
  Proposer des sessions de coaching individuel ou en petit groupe te permet de maximiser la valeur de ton temps tout en apportant une aide ciblée.
  Ces sessions peuvent être facturées à un tarif premium et offrir une aide spécifique à ceux qui veulent aller plus loin et plus rapidement.
- **Masterminds** :
  Les masterminds sont parfaits pour ceux qui recherchent une immersion totale et veulent des résultats accélérés.

https://www.skool.com/profitskool/about

Regroupe tes membres les plus engagés et offre-leur une expérience intense de collaboration, de soutien et d'apprentissage.

Ce type de programme permet de créer un sentiment d'appartenance fort et d'apporter une valeur inestimable en termes de networking.

Les masterminds peuvent également servir de lieu où des leaders émergent, apportant plus de dynamisme à ta communauté.

La clé pour chaque stratégie est de rester à l'écoute de ta communauté et rester aligner avec tes valeurs.

Comprends ce dont elle a besoin et crée des offres qui répondent spécifiquement à ces besoins. Plus ces offres sont pertinentes, plus il sera facile de les monétiser

Pour t'aider à clarifier offre et marketing MAXIMI$€ Buddy est là dans **PROFIT SKOOL** pour t'aider avec ça.

Pour t'aider à voir plus clair je te place le résumé des 3 types d'offres pour monétiser ton expertise.

Oui, je suis convaincu que peu importe ton expertise tu peux avoir une offre Low Ticket, Mid Ticket et High Ticket.

Pour l'instant, j'en dis pas plus et je t'invite à poursuivre ta lecture maintenant pour voir comment tu peux créer une synergie avec les 3 types d'offres.

Prêt à te faire un plan avec le potentiel d'ajouter un 120 000$, 500 000$ ou plus par année?

Page suivante.

Chapitre d) Résumé des 3 Méthodes pour MAXIMI$€R la monétisation!

3 Méthodes pour MAXIMI$€R Tes Revenus : De 120 000$ à 500 000$ ou Plus

Nous avons exploré trois méthodes puissantes pour maximiser tes revenus avec des offres de coaching, de services, ou de produits numériques :
le Low Ticket, **le Mid Ticket**, et **le High Ticket**.

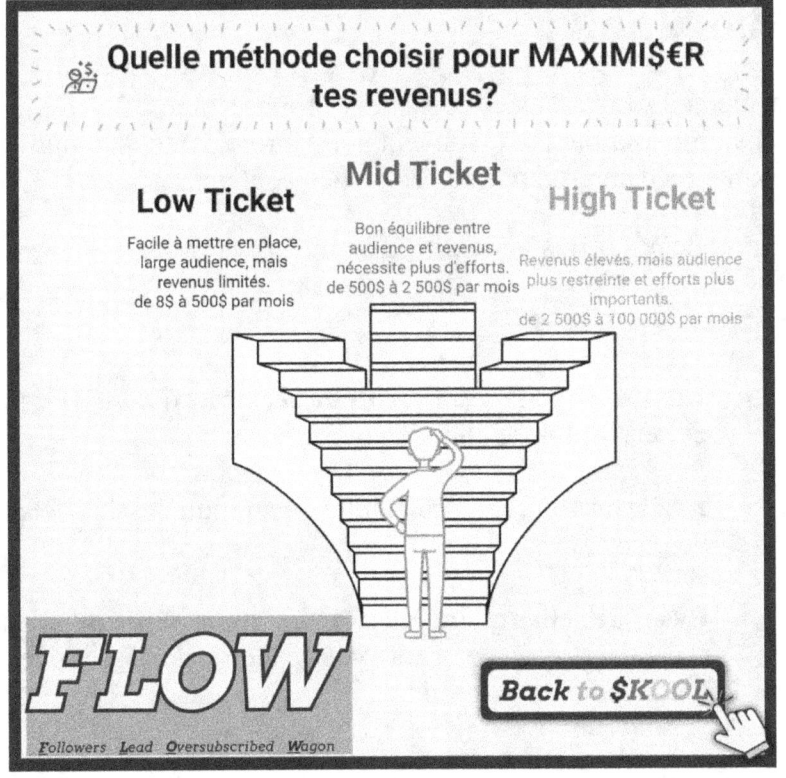

https://www.skool.com/profitskool/about

Chaque méthode a ses avantages et inconvénients, et chaque entrepreneur doit choisir celle qui convient le mieux à son stade de développement et à sa stratégie personnelle.

Voyons un résumé de chaque méthode, ainsi que leurs points forts, leurs défis, et comment une transition naturelle entre elles peut être réalisée, que tu sois débutant ou expérimenté.

Pour t'aider à prendre la meilleure décision pour toi je t'invite à cliquer ici et faire ce quiz.

https://flowunpasalafois.scoreapp.com

Méthode 1 : Low Ticket (Accès Abordable)

La méthode Low Ticket consiste à proposer une offre d'entrée de gamme à faible coût, souvent sous forme d'une communauté payante ou d'un produit numérique peu coûteux.

Le prix de ces offres varie de 8 $ à 500 $ par mois.

Avantages :

- **Un ajout facile à un menu de service existant** : Permet de servir plus de client en moins de temps

- **Facile à vendre** : Le faible prix réduit les barrières à l'entrée.

- **Base de clients large** : Attire de nombreux clients potentiels qui ne sont pas encore prêts à investir massivement.

- **Création d'une communauté** : Permet de construire une audience engagée et de montrer de la valeur.

Inconvénients :

- **Faible marge par vente** : Nécessite un volume élevé pour atteindre des revenus significatifs.

- **Gestion communautaire** : Plus de clients signifie plus de gestion et d'interactions à grande échelle.

- **Souvent autant de temps pour vendre cette offre qu'une offre à 12 000$**

Pour qui ?

- Idéal pour ceux qui sont déjà bien établis avec leur offre signature. Cette façon de faire va MULTIPLIER leur revenus.

- Excellent aussi pour ceux qui débutent et cherchent à construire une audience et générer des revenus récurrents modestes tout en créant une relation de confiance.

Méthode 2 : Mid Ticket (Offre de Valeur Supérieure)

La **méthode Mid Ticket** propose une offre intermédiaire, souvent sous la forme de webinaires payants ou de programmes de formation en ligne plus complets.

Ces offres sont positionnées entre **500 $ et 2 500 $** et visent à offrir un accompagnement plus approfondi que les offres Low Ticket, tout en restant accessibles à un grand nombre de clients.

Avantages :

- **Rentabilité accrue** : Les offres Mid Ticket génèrent plus de revenus par client que les Low Ticket.

- **Preuve de valeur** : Crée une valeur perçue plus élevée grâce à des formations et des contenus plus en profondeur.

- **Engagement significatif** : Les clients sont généralement plus engagés car ils ont investi davantage.

Inconvénients :

- **Nécessite des compétences de vente** : Les ventes d'offres Mid Ticket nécessitent plus de persuasion et une bonne présentation de la valeur.

- **Temps d'accompagnement** : Requiert un temps d'accompagnement et de suivi plus conséquent par rapport aux offres Low Ticket.

Pour qui ?

- Idéal pour les entrepreneurs qui ont déjà une audience engagée et souhaitent augmenter leur revenu moyen par client sans passer à une offre très exclusive.

- Parfait aussi pour les débutants qui ont confiance en leur capacité à servir leurs clients. La profitabilité de l'offre permet d'ajouter et d'ajuster en cours de route.

Méthode 3 : High Ticket

La **méthode High Ticket** consiste à proposer des offres haut de gamme à des clients prêts à investir des sommes importantes pour des résultats significatifs.

Les prix de ces offres varient de **2 500 \$ à plus de 100 000 \$**.

Elles peuvent inclure du coaching personnalisé, des programmes intensifs, ou des masterminds exclusifs, et ciblent les clients les plus engagés et motivés.

Avantages :

- **Revenus élevés** : Un petit nombre de clients peut générer des revenus importants.

- **Impact profond** : Ces offres permettent un accompagnement sur mesure, souvent avec une transformation personnelle importante pour le client.

- **Clients motivés** : Les clients High Ticket sont souvent très motivés et prêts à faire les efforts nécessaires pour atteindre leurs objectifs.

Inconvénients :

- **Plus facile à vendre** : Requiert des compétences de vente solides, un fort branding, et souvent un appel de vente pour conclure.

- **Investissement personnel** : Ces programmes demandent généralement plus de temps et d'énergie de ta part, que ce soit sous forme de coaching, de suivi individuel, ou de personnalisation.

https://www.skool.com/profitskool/about

Transition Naturelle Entre les Méthodes

La plupart des entrepreneurs commencent par une offre Low Ticket pour bâtir une audience, puis évoluent vers des offres Mid Ticket avant de proposer une offre High Ticket.

Cette approche progressive permet de créer de la valeur à chaque étape et de diversifier les flux de revenus.

Pour certains experts déjà légitimes, commencer directement avec une offre High Ticket est stratégique pour générer des revenus rapidement et financer le développement des autres niveaux d'offre.

Le RUSH de Réussir dans les 90 Prochains Jours TUE le Succès

Il est essentiel de se rappeler que la PATIENCE en affaires consiste à savoir quoi faire en attendant.

Selon moi, la meilleure chose à faire pendant cette période est de développer ses compétences en vente.

*Apprends à **aimer servir et à aimer vendre**.*

La vente d'offres HIGH Ticket (high ticket closing) a souvent une mauvaise réputation, souvent à cause d'un manque de confiance en soi ou d'une mauvaise expérience au téléphone.

Mais bien réalisée, elle peut véritablement transformer des vies et apporter des moments de reconnaissance qui valent tout l'effort.

https://www.skool.com/profitskool/about

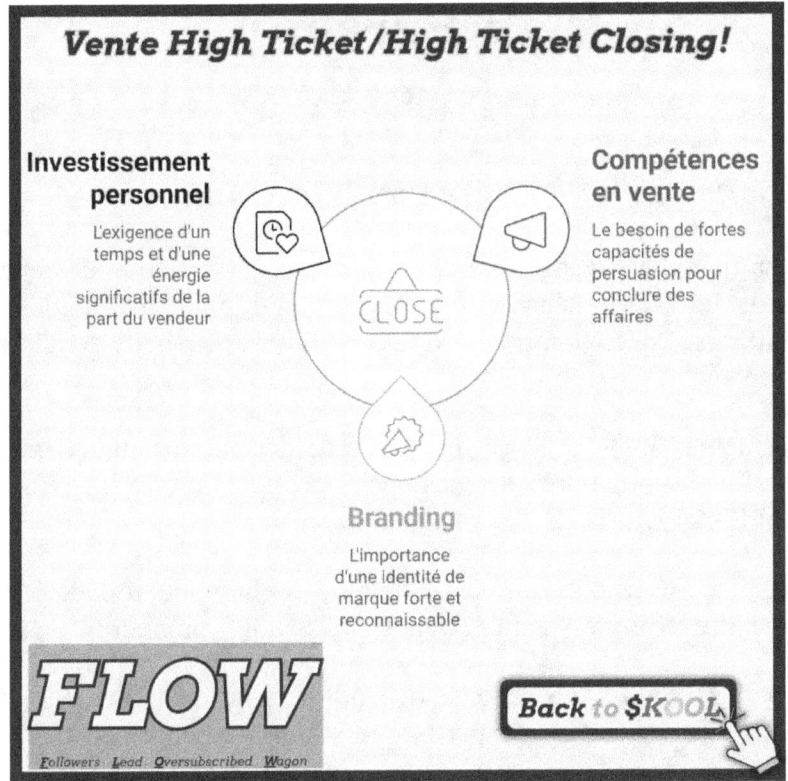

Comme Léo et JF qui, quatre ans plus tard, viennent me voir lors d'une conférence de Robert Savoie ou Fallone Jean pour me dire : **MERCI, tu as transformé ma vie**.

J'adore accompagner de merveilleuses personnes comme Mélissa, Karine, Francis, Benjamin, et Laeticia à non seulement aimer vendre, mais aussi à **closer** pour transformer.

Le HIGH Ticket est la façon la plus rapide de faire un **180 degrés avec nos finances**, mais cela demande du travail.

Cependant, un job de 40 heures par semaine qu'on n'aime pas, c'est aussi DIFFICILE et ça rend la vie MÉDOCRE !

https://www.skool.com/profitskool/about

Ton Plan Personnalisé : FLOW

Quelle méthode est la meilleure pour toi?

Bien que chacun soit libre de le faire par soi-même et de courir le risque d'être dépassé par l'évolution rapide du monde de l'expertise, il est temps de MAXIMI$€R l'AI, pas de se laisser remplacer.

En même pas 3 mois, je me suis créé deux assistants AI pour coacher les membres de mes accompagnements, et les retours sont EXCELLENTS.

Donc, comment savoir si tu devrais le faire de ton côté ou rejoindre le processus FLOW pour les SKOOLpreneur?

 La réponse dépend de ta situation actuelle, de ton expertise, de ton audience et de tes objectifs.

À ce titre, rejoindre la communauté SKOOLpreneur peut être la clé pour élaborer la stratégie qui te convient.

Tu as deux façons d'y accéder: en devenant membre payant ou en lançant une communauté SKOOL avec mon lien d'affilié.

Tu trouveras des ressources, du soutien, et l'opportunité de discuter de tes objectifs avec des experts qui t'aideront à MAXIMI$EUR tes revenus efficacement et aligné avec tes valeurs.

https://www.skool.com/profitskool/about

Que tu sois débutant ou déjà un expert chevronné, il y a une méthode adaptée pour toi.

Le plus important est de prendre des décisions stratégiques et de rester en mouvement vers le prochain niveau de ton potentiel.

La communauté SKOOLpreneur est là pour t'aider à faire les choix qui t'amèneront vers le succès, sans précipitation mais avec détermination.

La vente, la patience et l'amour du service sont des alliés pour bâtir des revenus stables et croissants sur le long terme.

https://www.skool.com/profitskool/about

MAINTENANT à toi de choisir!

Le Plan Personnalisé : FLOW

Quelle est la meilleure méthode pour toi? La réponse dépend de ta situation actuelle, de ton expertise, de ton audience, et de tes objectifs.

C'est pourquoi chaque cas mérite une approche **personnalisée**. Pour déterminer quel est le **meilleur plan pour toi**, il y a deux options :

1. **Faire par toi même** et espérer ne pas te faire dépasser par l'évolution rapide de ce monde AI où l'humain doit rester au centre.
2. **Rejoindre la communauté SKOOLpreneur**, où tu trouveras des ressources, du soutien, et un cadre pour élaborer une stratégie adaptée à ton cas.
3. **Prendre un appel avec l'équipe ou moi-même** pour discuter en détail de tes objectifs et élaborer un plan personnalisé qui te permettra de MAXIMI$€R tes revenus de manière efficace et alignée avec tes valeurs.

Que tu débutes ou que tu sois déjà un expert chevronné, il y a une méthode adaptée pour toi.

Le plus important est de prendre des décisions stratégiques qui correspondent à ton parcours et à tes ambitions.

Pour t'aider à prendre la meilleure décision pour toi je t'invite à scanner ce QR code et faire ce quiz.

https://www.skool.com/profitskool/about

FLOW, c'est le processus étape par étape où les étapes peuvent être faites simultanément, MAIS ne peuvent pas être sautées.

Donc une personne peut faire **F + L + O + W** simultanément, mais si **F** n'est pas présent, rien ne fonctionne.

Si une personne met 100% de son temps sur **L** sans avoir de **F**, cela ne sert à rien.

La base, c'est le **F**, car on se rappelle que le but est de créer un **MOUVEMENT révolutionnaire** avec le potentiel humain.

Une révolution seule ne sert à rien, donc cela prend des FOLLOWERS.

À cette étape, on ne sait pas encore si les followers feront partie de la révolution. Certains oui, certains pas tout de suite, certains de loin, et certains seront même contre (ce sont les FOLLOWERS).

Une fois qu'on a le **F**, on veut transformer ces followers en **LEADS**. Ici, les gens commencent à lever la main et à dire qu'ils sont peut-être intéressés à faire partie de la révolution.

https://www.skool.com/profitskool/about

Ton voyage du héros dans

Atteindre FLOW

Le héros atteint l'objectif ultime d'atteindre FLOW, complétant ainsi le voyage.

Transformation

Le héros subit une transformation significative, acquérant de nouvelles perspectives.

Atteindre des Jalons

Le héros atteint des jalons clés, marquant le progrès et la croissance.

Surmonter les Défis

Le héros fait face à des obstacles significatifs et les surmonte, développant sa résilience.

Engagement Initial

Le héros commence son voyage, préparant le terrain pour la transformation.

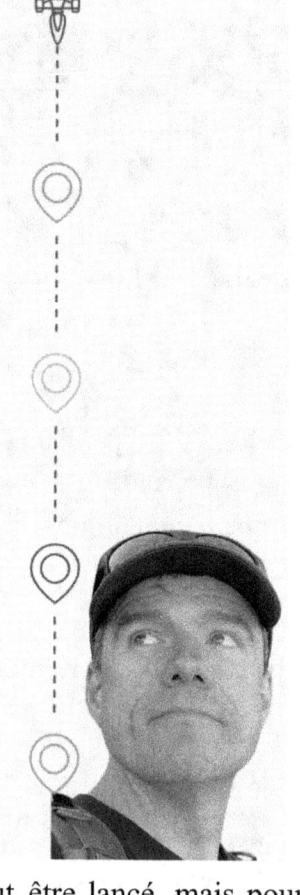

Dès qu'on a un **LEAD**, le **FLOW** peut être lancé, mais pour s'assurer d'avoir le **FLOW**, il faut poursuivre le travail sur **F** et transformer davantage en **L**.

Maintenant que **F** est enclenché et que **L** commence à apparaître, on peut commencer à voir et à faire arriver le **O**.

https://www.skool.com/profitskool/about

Le **O** est ultra simple : il y a des FOLLOWERS et il y a des LEADS. Oui, il faut des LEADS pour passer au **O**.

Le **O** s'enclenche quand on a plus de LEADS que notre capacité à servir tout le monde.

Pour simplifier au maximum, même un employé avec UN emploi a réussi le **O** avec son temps, car il ne peut pas avoir plus qu'un emploi avec les choix de vie qu'il a faits (dans ce cas).

C'est quoi le O ?

C'est **OVERSUBSCRIBE**. Il y a plus de demande que d'offre, et boum, on peut commencer à sélectionner qui va embarquer dans le **W**.

Avant de passer au **W**, la clé avec le **O** est de faire ce que personne ne fait parce qu'on ne veut pas se limiter.

Mais c'est là qu'on limite la patante. Il ne s'agit pas d'avoir un objectif de nombre maximum de clients, car on veut aider tout le monde.

C'est faux. On n'a pas une capacité illimitée, et quand on veut augmenter la capacité, ça prend un système de plus, un employé de plus, et cela signifie plus de temps, ce qui temporairement limite notre capacité jusqu'à ce qu'on débloque le niveau suivant.

Donc, là, on a des FOLLOWERS, on a des LEADS, et plus qu'on peut en prendre. Donc on est **OVERSUBSCRIBE**.

(*Il faut continuer à travailler sur F, sinon tout tombe.*

Il faut continuer à qualifier des leads, sinon tout tombe.

https://www.skool.com/profitskool/about

Il faut continuer à suivre notre capacité et la partager avec transparence, sinon tout tombe — et là, c'est nous qui risquons de tomber au combat.)

Le **W**, c'est le **WAGON**. Les gens sélectionnés vont embarquer dans le train.

Comme on crée une révolution, cela va être à la fois joyeux et parfois douloureux, donc on veut s'assurer d'avoir du **FUN**.

Il faut être sélectif, mais on ne peut pas être sélectif si nous ne sommes pas **OVERSUBSCRIBE**.

On ne peut pas être **OVERSUBSCRIBE** si on n'a pas de **LEADS**, et on n'aura jamais de **LEADS** si on n'a pas de **FOLLOWERS**.

Que tu débutes ou que tu sois déjà un expert chevronné, il y a une méthode adaptée pour toi.

Le plus important est de prendre des décisions stratégiques qui correspondent à ton parcours et à tes ambitions.

Pour t'aider à prendre la meilleure décision pour toi je t'invite à scanner ce QR code et faire ce quiz.

Chapitre e) POURQUOI la majorité des experts sont pauvres ?

Parce qu'ils mettent 100% de leur temps à rendre le Wagon beau et confortable (cela inclut une certification de plus, une nouvelle formation, un nouvel espace membre parfait).

Parce qu'ils passent beaucoup de temps dans le WAGON et s'agitent avec une super machine à LEADs automatisée, mais ils n'ont pas le temps de faire la seule chose importante :

PARLER à du monde pour augmenter le FOLLOWING.

Tu as peut-être toi aussi fait cette erreur, tout comme moi.

Peu importe le pourquoi, la vraie question maintenant est :

Es-tu prêt à faire différent ?

Es-tu prêt à mettre du FLOW dans ton entreprise ?

Si oui, il y a peut-être une place pour toi dans le wagon du FLOW.

Et si tu te sens mal après avoir réalisé que tu as passé plus de 2 ans à travailler sur le **L** et le **W**, arrête maintenant parce que le FLOW va arriver vraiment vite si tu es prêt.

Et si tu pensais travailler sur ton **W** avant le **F**, ne perds pas ton temps et fais le quiz pour voir si tu peux embarquer dans le FLOW.

Tu as déjà du FLOW et tu veux passer au prochain niveau? La communauté SKOOLpreneur est pour toi!

https://www.skool.com/profitskool/about

Chapitre 12. Automatiser pour générer des revenus récurrents

Si tu n'as pas lancé de communauté ou déjà vendu avec confiance ton service SAUTE ce chapitre.

1. Donc, en même temps que tu structures, lances et accueilles tes premiers membres, rejoins PROFIT SKOOL pour devenir un top membre KOOL.

2. Si ce n'est pas déjà fait, scanne ce QR code, lance ta communauté gratuitement pour les 14 premiers jours (seulement 99 $ après, et si tu n'aimes pas, tu peux annuler sans frais).
Demande tes bonus dans PROFIT SKOOL. Oui, pour ça tu dois rejoindre PROFIT $KOOL
https://www.skool.com/profitskool/about

3. Sois un membre KOOL et crée la culture de ta propre communauté !

Pour faire prospérer ta communauté tout en optimisant ton temps, l'automatisation est une étape cruciale.

Automatiser certains processus te permet de générer des revenus passifs et de te concentrer sur des activités à plus forte valeur ajoutée, comme l'engagement et la création de contenu.

Commence par automatiser l'intégration de nouveaux membres.

https://www.skool.com/profitskool/about

Crée un parcours de bienvenue automatisé qui les guide à travers les principales ressources de ta communauté et leur montre comment tirer parti au maximum de leur présence sur Skool.

Cela peut inclure des vidéos explicatives, des tutoriels, et des posts d'accueil qui encouragent les nouveaux membres à se présenter.

Automatise également les communications régulières, comme les e-mails hebdomadaires ou les rappels d'événements.

Utilise des outils comme GoHighLevel pour créer des séquences d'e-mails qui nourrissent la relation avec tes membres et les encouragent à passer à l'action.

Une bonne séquence d'e-mails peut renforcer l'engagement, rappeler les bénéfices des offres premium, et motiver les membres à s'inscrire à tes programmes.

Pour les ventes, tu peux aussi mettre en place des tunnels de vente automatisés.

Cela te permet de vendre des formations en ligne, des ebooks, ou des programmes d'abonnement de façon passive.

Un tunnel bien conçu peut inclure des vidéos explicatives, des témoignages, et une page de vente qui incite à l'achat.

L'objectif est de rendre l'ensemble du processus aussi simple et fluide que possible, de la découverte de l'offre jusqu'à la conversion.

Grâce à l'automatisation, tu peux non seulement simplifier les tâches répétitives, mais aussi assurer un flux constant de revenus sans avoir à intervenir directement.

https://www.skool.com/profitskool/about

Cela te permet de concentrer ton énergie sur la croissance et l'amélioration de ton espace Skool, plutôt que de t'épuiser dans la gestion quotidienne des tâches.

Il est temps de conclure la quatrième partie de ce tome 1!

Avec cette quatrième partie, tu as maintenant toutes les clés en main pour monétiser ta communauté Skool de manière efficace et durable.

Que ce soit par des offres payantes irrésistibles, des abonnements, des coachings, ou des stratégies d'automatisation, l'important est de garder toujours en tête la valeur que tu apportes à tes membres.

Une communauté engagée et bien monétisée te permettra de vivre de ta passion tout en ayant un impact positif sur la vie des autres.

https://www.skool.com/profitskool/about

Partie 5 : Optimisation et Évolution

1. Si tu n'as pas encore lancer ta communauté ou si tu veux en lancer une autre ET obtenir mes bonus, scanne ce QR code, lance ta communauté gratuitement pour les 14 premiers jours (seulement 99 $ après, et si tu n'aimes pas, tu peux annuler sans frais).

2. Demande tes bonus (plus de 5 000$ de bonus) dans PROFIT SKOOL. Oui, pour ça tu dois rejoindre PROFIT $KOOL.
https://www.skool.com/profitskool/about

3. Alors, **scanne ce code** dès maintenant pour **lancer ta communauté**!

4. Programme ta communauté au fur et à mesure que tu avances dans ta lecture.

Tu as **14 jours** pour décider si tu veux **garder ta communauté**. Profite-en pour découvrir tous les **bonus** que je te réserve en utilisant **mon lien d'affilié**.

https://www.skool.com/profitskool/about

Chapitre 13. Analyser Tes Résultats et Améliorer Ton Système

Pour assurer la réussite à long terme de ta communauté Skool, il est essentiel de constamment analyser les résultats obtenus et d'améliorer ton système.

Le succès d'une communauté ne se résume pas à la création d'un espace en ligne — il s'agit d'un processus continu de raffinement et d'adaptation pour répondre aux besoins en constante évolution de tes membres.

Commence par mesurer l'engagement de tes membres.

Combien de membres sont actifs sur une base régulière?

_____

_____

Quelles sont les discussions les plus populaires?

_____

_____

Quelles publications génèrent le plus de réactions?

_____

_____

Les statistiques fournies par Skool te donneront un aperçu clair de ce qui fonctionne et de ce qui peut être amélioré.

https://www.skool.com/profitskool/about

Si tu n'as pas encore accès au Q/A d'Alex Hormozi qui vient avec une communauté Skool donc oui tu peux bénéficier de deux Q/A gratuit dans ton premier 14 jours.

Moi avant je payais 2 500$ US pour un Q/A par mois et là maintenant j'en ai 4 par mois pour 99$.

Si ce n'est pas encore fait, mon petit doigt me dit que tu vas vouloir tout mettre en place pendant que tu lis ce livre.

Et c'est KOOL, car voici le code pour bénéficier de 14 jours gratuits, ainsi que des bonus exclusifs, en utilisant mon lien d'affilié.

Utilise ces données pour identifier les types de contenu qui engagent le plus et adapte ton calendrier éditorial en conséquence.

Ensuite, demande directement l'avis de tes membres.

Envoie des sondages ou organise des discussions ouvertes pour connaître leurs préoccupations et ce qu'ils aimeraient voir davantage dans la communauté.

Le feedback direct est extrêmement précieux pour ajuster tes offres, améliorer tes interactions et maintenir un haut niveau de satisfaction.

En écoutant attentivement, tu peux faire évoluer ta communauté de manière organique et la rendre encore plus attractive.

Finalement, n'oublie pas d'évaluer tes offres payantes.

https://www.skool.com/profitskool/about

Quelle est la conversion de tes offres premium?

_____

_____

Quel pourcentage de tes membres gratuits est passé au niveau supérieur ?

_____

_____

Analyse ces résultats pour optimiser tes tunnels de vente, ton message marketing, et l'expérience utilisateur.

Une amélioration continue basée sur des données concrètes est la meilleure manière d'assurer la pérennité et la croissance de ton espace Skool.

C'est un processus donc aussi bien avoir du FUN tout au long.

As-tu ta marque personnelle, ta couleur, ton TOI?

Passe au prochain chapitre pour la revoir ou là créer!

Chapitre 14. Développer Ta Marque Personnelle au-delà de Skool

Bien que Skool soit un excellent outil pour bâtir une communauté forte, il est crucial de développer ta marque personnelle sur d'autres plateformes afin de maximiser ton influence.

Ton objectif est de faire en sorte que ta communauté sur Skool ne soit qu'un élément d'un écosystème plus vaste, où chaque plateforme vient enrichir ton positionnement global.

Commence par renforcer ta présence sur des plateformes comme LinkedIn, Instagram, Facebook, et YouTube.

My Evidence Based Guide to Making Money Online [TIER LIST]

187 k vues • il y a 5 jours

J'ai mis mes notes d'une super vidéo d'Alex Hormozi dans PROFIT $KOOL afin de t'aider à déterminer ta meilleure stratégie de création de contenu pour TOI.

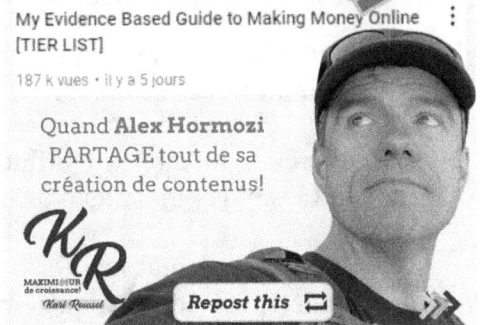

Quand **Alex Hormozi** PARTAGE tout de sa création de contenus!

Repost this

Ces canaux peuvent servir à attirer de nouveaux membres dans ta communauté Skool, à partager des extraits de contenu, et à renforcer ton autorité dans ton domaine.

Si tu n'es pas encore sur PROFIT $KOOL va au https://www.skool.com/profitskool/about c'est peut-être encore gratuit.

https://www.skool.com/profitskool/about

Utilise chaque plateforme de manière stratégique : par exemple, LinkedIn peut être excellent pour les contenus éducatifs et professionnels, tandis qu'Instagram est parfait pour des partages plus personnels et des moments de vie.

Crée du contenu qui renvoie naturellement à ta communauté Skool.

Cela peut être des appels à l'action directs, comme une invitation à rejoindre un défi sur Skool, ou indirects, comme des vidéos où tu partages des conseils exclusifs tirés de tes sessions live sur Skool.

L'idée est de donner un avant-goût de la valeur que tu offres et de donner envie aux personnes de te rejoindre.

Annie Allard · 21h

@Karl Roussel Sérieusement, je ne me reconnais pas, je ne me suis jamais autant impliquée et exprimée dans un groupe d'entrepreneurs, merci d'être qui tu es, je suis vraiment en gratitude

Ta marque personnelle doit être cohérente sur toutes les plateformes.

Les couleurs, les messages, et même ton ton de voix doivent refléter qui tu es et ce que tu offres.

La cohérence inspire la confiance, et la confiance est l'un des moteurs les plus puissants pour faire grandir ta communauté.

Développer une marque forte au-delà de Skool te permettra d'atteindre plus de personnes et de renforcer l'attractivité de ta communauté.

Déjà rendu à la fin de ce premier TOME de SKOOLpreneur et il est temps de célébrer!

https://www.skool.com/profitskool/about

Chapitre 15. Célébrer Tes Succès et Préparer la Prochaine Étape

Un des aspects souvent négligés de la gestion d'une communauté est l'importance de célébrer les succès.

Il est crucial de reconnaître et de célébrer les victoires — qu'elles soient grandes ou petites.

Cela renforce non seulement la motivation des membres, mais aussi la dynamique positive de ton espace.

Commence par célébrer les succès collectifs.

Par exemple, si ta communauté a atteint un certain nombre de membres actifs ou si un défi a reçu une participation exceptionnelle, prends le temps de le souligner.

Crée des posts de célébration, remercie les membres pour leur engagement, et montre que leur participation est essentielle à la réussite de l'ensemble.

Cela renforce leur sentiment d'appartenance et les motive à continuer.

Célèbre également les réussites individuelles.

Lorsque des membres atteignent des objectifs personnels grâce à leur participation dans ta communauté, mets-les en avant.

Cela peut être un témoignage vidéo, une interview ou même un simple post de félicitations.

https://www.skool.com/profitskool/about

Valoriser les réussites individuelles montre que tu es vraiment investi dans le parcours de chacun et encourage les autres à suivre cet exemple.

Enfin, prépare la prochaine étape.

L'évolution est une constante, et il est essentiel de maintenir une dynamique de progression.

Quelle est la prochaine grande initiative pour ta communauté?

_____

_____

Un nouveau programme, un événement en direct, un défi inédit?

_____

_____

Communique clairement cette vision à tes membres pour les inciter à rester impliqués.

En partageant tes futurs objectifs, tu crées de l'anticipation et du désir, et tu gardes ton espace Skool animé et tourné vers l'avenir.

Parlant de célébration, si tu lis cette phrase, prends un **selfie avec ton livre** et viens partager ça dans l'onglet **victoires** sur PROFIT $KOOL dès maintenant!

https://www.skool.com/profitskool/about

Avec cette cinquième partie, tu as maintenant toutes les clés pour optimiser et faire évoluer ta communauté Skool au fil du temps.

https://www.skool.com/profitskool/about

Analyse les résultats, développe ta marque au-delà de la plateforme, et célèbre chaque victoire pour continuer à grandir et inspirer.

C'est avec cette approche que tu transformeras ta communauté en un véritable mouvement, un lieu où chaque membre trouve sa place, évolue et contribue à quelque chose de plus grand.

Si tu n'as pas lancé de communauté ou déjà vendu avec confiance ton service SAUTE ce chapitre.

1. Donc, en même temps que tu structures, lances et accueilles tes premiers membres, rejoins PROFIT SKOOL pour devenir un top membre KOOL.

2. Si ce n'est pas déjà fait, scanne ce QR code, lance ta communauté gratuitement pour les 14 premiers jours (seulement 99 $ après, et si tu n'aimes pas, tu peux annuler sans frais).
Demande tes plus de 5000$ de bonus dans PROFIT SKOOL. Oui, pour ça tu dois rejoindre PROFIT $KOOL
https://www.skool.com/profitskool/about

3. Sois un membre KOOL et crée la culture de ta propre communauté !

Il est temps de conclure ce premier tome maintenant.

https://www.skool.com/profitskool/about

Conclusion : Deviens un SKOOLpreneur Inspiré et Inspirant

Te voilà arrivé au terme de ce livre, mais le véritable début de ton aventure en tant que SKOOLpreneur est encore devant toi.

Ce voyage t'a guidé de la création de ta communauté à sa monétisation, en passant par la maximisation de l'engagement de tes membres et l'optimisation de ta marque.

Plus qu'un simple guide, ce livre est une invitation à concrétiser ta vision et à bâtir une communauté qui reflète profondément qui tu es et ce que tu souhaites apporter au monde.

Skool n'est pas qu'un outil.

C'est un vecteur de connexion humaine, un espace où tes membres peuvent grandir, apprendre, et s'entraider.

Mais il est également le reflet de ton leadership, de ta capacité à inspirer, à catalyser le changement, et à matérialiser une vision.

Ce que tu crées sur Skool n'est pas simplement un produit ou un service — c'est un mouvement.

C'est une expression vivante de tes valeurs, de tes expériences, et de ton engagement à aider les autres à évoluer.

https://www.skool.com/profitskool/about

Pour réussir dans ton aventure de Skoolpreneur, rappelle-toi des clés que nous avons vues ensemble : sois authentique, sois constant, et surtout, reste centré sur la valeur humaine.

La réussite ne se mesure pas seulement en termes de revenus ou de nombre de membres, mais aussi en termes de l'impact que tu génères et de la transformation que tu permets.

Pour une dernière fois avant de te laisser partir, je t'invite à rejoindre les **membres KOOL** de PROFIT $KOOL. Et souviens-toi que...

https://www.skool.com/profitskool/about

Chaque membre de ta communauté est une vie que tu touches, une histoire que tu influences, et cela est au cœur de ton véritable succès.

Ce parcours ne sera pas toujours simple, mais les défis sont ce qui rend l'aventure digne d'être vécue.

Les moments de doute, de réajustement, et d'effort sont ceux qui nous rendent plus fort et qui nous permettent de se connecter encore plus authentiquement avec nos membres.

https://www.skool.com/profitskool/about

N'oublie jamais : ta communauté est le reflet de ton propre cheminement. Plus tu grandis et plus tu oses, plus elle évoluera avec toi.

À partir de maintenant, c'est à toi de jouer.

Utilise les stratégies, les outils et les enseignements de ce livre pour transformer ton espace Skool en une communauté vibrante et prospère.

Ne sous-estime jamais le pouvoir d'un rêve bien concrétisé, d'une communauté bien engagée, et d'un leader qui incarne pleinement sa mission.

Lève-toi chaque jour avec l'intention de servir, de partager et d'inspirer — et regarde comment ta communauté répond à cet appel.

Félicitations de m'avoir laissé l'accompagner jusqu'ici.

Le monde a besoin de plus de leaders prêts à partager leur expertise, à faire une différence et à mener avec bienveillance.

Deviens ce leader, deviens un SKOOLpreneur inspiré et inspirant, et n'oublie jamais :

Oui, c'est possible.

Que vises-tu pour ton prochain 12 mois avec ta communauté Skool?

_____

_____

À toi de transformer ta vision en réalité, un pas à la fois, un membre à la fois, un impact à la FOI$.

https://www.skool.com/profitskool/about

Conclusion : Une Nouvelle Ère, Un Nouveau Toi

Nous vivons aujourd'hui au cœur d'une **ère mille-et-une révolutions**.

Le rythme du changement est si rapide que s'adapter n'est plus une option, c'est une nécessité. L'avenir appartient désormais aux **Petites Entreprises à Impact Global (P-E-I-G)**.

Ce sont ces petites équipes agiles, ces entrepreneurs visionnaires, qui créeront des partenariats stratégiques, des affiliations efficaces, pour croître plus rapidement et s'adapter au marché d'aujourd'hui.

Tu as maintenant entre les mains tout ce qu'il te faut pour faire passer ton entreprise au **niveau supérieur**.

Le voyage ne s'arrête pas ici, bien au contraire, il ne fait que commencer.

L'introduction de ce livre t'a lancé dans cette aventure, et cette conclusion marque simplement la fin d'un chapitre.

Ce que tu fais à partir de maintenant, c'est ce qui déterminera ton succès.

Je t'ai promis une **pépite**, un élément clé qui pourrait révolutionner ta vie et ton entreprise.

Peut-être que tu l'as trouvée dès ta première lecture, peut-être qu'elle t'attend encore lors de ta deuxième, ta troisième, voire ta quatrième lecture.

https://www.skool.com/profitskool/about

Cette pépite n'est pas cachée ; elle est bien là, prête à être découverte. Mais elle sera différente pour chacun de nous, car **ta mission, ton chemin, tes dons sont uniques**.

Alors, prends le temps d'intégrer, d'appliquer, de relire si nécessaire.

Les opportunités sont infinies pour ceux qui osent agir, s'adapter, et saisir ce moment pour bâtir une communauté, **créer des connexions authentiques** et transformer le monde avec leur mission.

Merci d'avoir pris part à cette aventure.

Maintenant, **c'est à toi de jouer**, d'utiliser ce que tu as appris pour matérialiser **ta propre mission** et faire passer ton entreprise à impact global au prochain niveau.

Bonne continuation, et souviens-toi : le meilleur est à venir.

Toi qui es KOOL!

Tu souhaites avancer ensemble, si tu veux rejoindre une communauté où on s'entraide et se soutient, où nous sommes :

ENSEMBLE vers le SUCCÈS, je t'invite à venir nous rejoindre dès maintenant dans PROFIT $KOOL.

Tu recevras le soutien que tu mérites, ainsi que des bonus complémentaires à ce premier tome de SKOOLpreneur.

Scanne ce QR code, maintenant, ou va sur
https://www.skool.com/profitskool/about

https://www.skool.com/profitskool/about

Rejoins-moi sur les Médias Sociaux!

Pour rester connecté, rejoins-moi sur les plateformes suivantes pour du contenu enrichissant et motivant :

- Facebook: Rejoins le groupe Entrepreneurs du Royaume: https://www.facebook.com/groups/entrepreneur.du.royaume.les.fortunes.confiants
- Instagram : Moments de réflexion et conseils : https://www.instagram.com/karlroussel/
- YouTube : Vidéos de formation et d'inspiration : https://www.youtube.com/@KarlRoussel
- TikTok : Motivation rapide et aperçu de ma vie quotidienne : @karlroussel
- LinkedIn : Contenu professionnel et réseautage : https://www.linkedin.com/in/karl-roussel-7b32b434/

N'oublie pas de t'abonner à ma **chaine YouTube,** pour des histoires, des réflexions, des interviews et des stratégies pour atteindre le million.

J'ai hâte de connecter avec toi en ligne

https://www.skool.com/profitskool/about

Quelle est ta prochaine étape? Trace ton chemin vers le succès.

Petit rappel amical: Les talents inexploités ne bénissent personne!

Bien que Dieu t'aime suffisamment pour te laisser libre d'utiliser ou non ce qu'Il t'a donné GRATUITEMENT, Il t'a créé pour créer une différence.

À travers ce livre, découvre comment activer et multiplier tes dons pour un impact durable et une contribution divine

Chaque cas mérite une approche **personnalisée**.

Pour déterminer quel est le **meilleur plan pour toi**, il y a deux options :

1. **Faire par toi même** et espérer ne pas te faire dépasser par l'évolution rapide de ce monde AI où l'humain doit rester au centre.

2. **Rejoindre la communauté des SKOOLpreneurs avec le processus FLOW**, où tu trouveras des ressources, du soutien, et un cadre pour élaborer une stratégie adaptée à ton cas.

https://www.skool.com/profitskool/about

https://www.skool.com/profitskool/about

3. **Option pour les entrepreneurs à plus de 240 000$€ par année**, fait le quiz pour voir si tu qualifies pour un appel:
https://www.1000xrevolution.com/skoolpreneurflowquiz

Félicitations d'avoir ce livre entre les mains, de le temps de lire et surtout de faire les actions proposées.

Tu es déjà bien plus avancé que la majorité des entrepreneurs qui n'osent jamais franchir ce pas. Les petites entreprises à impact global, comme la tienne, sont les moteurs du changement.

Bravo de prendre part à cette aventure. **Bonne suite d'aventure, et n'oublie jamais : la mission que Dieu a déposée sur ton cœur, est entre tes mains!**

Karl Roussel

https://www.skool.com/profitskool/about

1) SKOOLpreneur la communauté!

- Accès 24/7 à un réseau d'entrepreneurs passionnés de la francophonie mondiale.
  (Valeur : 188$/mois)
- Plan étape par étape pour ajouter 120 000$, 500 000$ ou plus par an, personnalisé pour toi.
  (Valeur : 888$)
- Processus FLOW guidé 24/7 avec le support de MAXIMI$€ Buddy, PDF et vidéos.
  (Valeur : 298$/mois)
- Support dans la communauté par moi-même avec un délai de 72h.
  (Valeur : 198$/mois)
- Rencontre one-on-one pour créer un plan personnalisé afin de révolutionner ton entreprise en 6 à 12 mois.
  (Valeur : 2888$)

BONUS avec l'abonnement annuel :

- Formation "Vendre avec le Cœur".
  (Valeur : 777$)
- Formation "L'Offre MAXIMI$€".
  (Valeur : 297$)

Valeur totale annuelle : 11 984$

Je t'invite à rejoindre SKOOLpreneur la communauté maintenant car c'est de l'intérieur que tu vas avoir accès à investir dans les autres paliers.

Pour embarquer dans l'aventure SKOOLpreneur, va maintenant au:

https://www.skool.com/profitskool/about

https://www.skool.com/profitskool/about

---

2) SKOOLpreneur proxiPLUS!

- Tout ce que SKOOLpreneur la communauté! comprend.
  (Valeur : plus de 1088$/mois)
- Support accéléré dans la communauté avec un délai de 28h.
  (Valeur : 488$/mois)
- Q/A mensuel avec moi-même.
  (Valeur : 288$/mois)
- 2 plans de match personnalisés par an (mois 1 et 7).
  (Valeur : 4888$)
- Formation "Closer pour Ouvrir" – l'une des formations de closing les plus puissantes en francophonie.
  (Valeur : 4888$)
- Un call mensuel pour optimiser tes systèmes et ton automation.
  (Valeur : 288$/mois)

Valeur totale annuelle : 34 528$

---

3) SKOOLpreneur proxi-ELITE!

- Tout ce que proxiPLUS comprend.
- Accès direct par texto pour des réponses ultra-rapides, 26 semaines par an (1 semaine sur 2).
  (Valeur : 1888$/mois)
- 6 plans de match personnalisés par an (mois 1 et 7).
  (Valeur : 1888$/mois)

Valeur totale annuelle : 57 184$

https://www.skool.com/profitskool/about

4) SKOOLpreneur proxi-ELITE (DONE-for-YOU)

- Réservé aux entrepreneurs prêts à investir minimum 4 888$ par mois, avec un chiffre d'affaires de plus de 240 000$ par an et un profit actuel de 7 500$ par mois.
- Tout ce que proxi-ELITE comprend.
- On discute de TES besoins et on met tout en place pour toi.
- Fait le quiz pour voir si tu qualifies pour un appel: https://www.1000xrevolution.com/skoolpreneurflowquiz

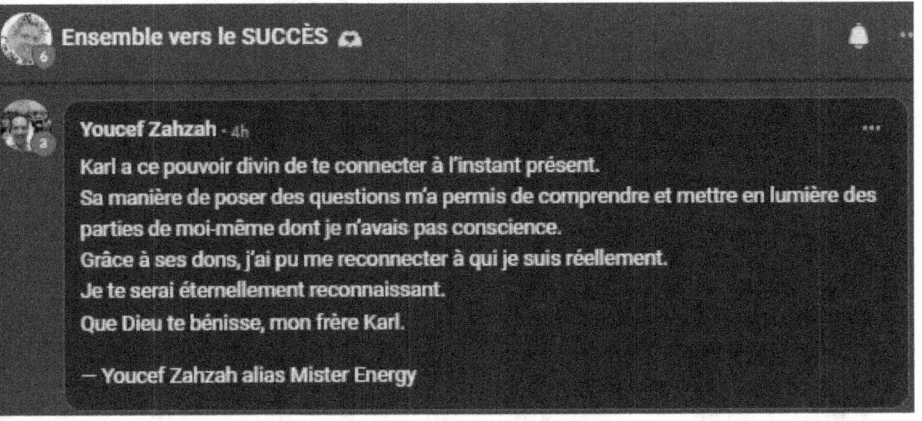

Chapitre BONUS: POURQUOI j'ai lancé la communauté SKOOLpreneur?

Tu travailles trop fort pour les résultats et l'impact qeu tu obtiens...

Mais est-ce vraiment pour ça que tu t'es lancé en affaires?

Je suis tanné de voir ça partout autour de moi donc j'ai créé et lancé la communauté SKOOLpreneur!

Tu connais bien cette sensation d'épuisement, ce sentiment que **peu importe les heures que tu mets**, les résultats ne suivent pas.

Tu es constamment **surchargé**, jonglant avec des dizaines de tâches, sans jamais trouver le temps de te concentrer sur ce qui compte vraiment : **faire croître ton entreprise de manière stratégique**.

Tu te retrouves à **travailler plus**, à sacrifier tes soirées, tes week-ends, ta famille, juste pour garder la tête hors de l'eau.

Tout cela pour te rendre compte que tes efforts ne mènent qu'à **une croissance stagnante**.

Tu as testé des stratégies, des formations, des systèmes... mais rien ne semble vraiment **transformer** ton entreprise comme tu l'espérais.

https://www.skool.com/profitskool/about

Les conséquences ?

- **Fatigue accumulée**, motivation en chute libre, et l'impression d'être coincé dans un cycle sans fin.

- Une entreprise qui survit mais ne prospère pas, malgré **tous les sacrifices**.

- Des clients qui ne viennent pas aussi facilement que tu le voudrais, et des ventes qui restent en dessous de tes attentes.

- Cette **peur constante** de voir ton rêve s'effondrer, malgré tout le travail que tu as investi.

Tu as l'impression que quelque chose te manque...

Peut-être **un guide clair**, une communauté qui te pousse dans la bonne direction, ou même simplement un plan précis pour **scaler ton entreprise** sans sacrifier ton bien-être.

C'est exactement là que SKOOLpreneur entre en jeu !

Imagine un instant...

- **Ne plus te sentir seul**, mais entouré d'une communauté d'entrepreneurs comme toi, qui partagent tes ambitions et tes défis, disponibles 24/7 pour te soutenir.

- Avoir un **plan étape par étape**, personnalisé pour toi, pour ajouter **120 000$, 500 000$ ou plus par an** à ton chiffre d'affaires.

https://www.skool.com/profitskool/about

- Un accès constant à **MAXIMI$€ Buddy**, un processus FLOW qui te guide à chaque étape, te donnant la **clarté** dont tu as besoin pour avancer avec confiance.

- Recevoir des **conseils stratégiques en direct**, des sessions Q/A, et un **accompagnement personnalisé** pour t'assurer de rester sur la voie du succès.

SKOOLpreneur n'est pas juste une autre formation, c'est **un mouvement**, une transformation qui te permettra de **reprendre le contrôle de ton entreprise**. Nous sommes là pour t'aider à :

- **Multiplier tes ventes** sans devoir te tuer à la tâche.

- Optimiser tes systèmes pour **automatiser ce qui te freine** et te concentrer sur ce qui compte vraiment.

- Redécouvrir le plaisir de bâtir ton entreprise, sans sacrifier ta vie personnelle.

Tu as déjà ce qu'il faut en toi pour réussir. Il est temps de le MAXIMI$€R et MULTIPLIER tes talents!

Avec SKOOLpreneur, tu obtiens non seulement **les outils**, mais aussi le **soutien humain** nécessaire pour transformer ton entreprise en une machine à générer du revenu, tout en restant aligné avec tes valeurs et ta mission.

Il est temps de sortir de ce cycle d'épuisement et de commencer à **récolter les fruits de ton travail acharné**.

Alors, es-tu prêt à prendre ce virage et à propulser ton entreprise au niveau supérieur?

https://www.skool.com/profitskool/about

La première étape est de scanner ce QR code et de te lancer dans la communauté SKOOLpreneur.

Deuxièmement ce sera de prendre ton plan de match personnalisé pour te propulser dans le prochain 6 à 12 mois.

Troisièmement débloquer plus de proximité et/ou aller à fond dans SKOOLpreneur la communauté!

Je t'invite à sortir ton téléphone et scanner ce QR code pour rejoindre SKOOLpreneur la communauté maintenant.

Pour embarquer dans l'aventure SKOOLpreneur, va maintenant au:

https://www.skool.com/profitskool/about

https://www.skool.com/profitskool/about

Et si c'était ce que tu attendais et qu'enfin c'était là...

1. Si tu n'as pas encore lancer ta communauté ou si tu veux en lancer une autre ET obtenir mes bonus, scanne ce QR code, lance ta communauté gratuitement pour les 14 premiers jours (seulement 99 $ après, et si tu n'aimes pas, tu peux annuler sans frais).

2. Demande tes bonus (plus de 5 000$ de bonus) dans PROFIT SKOOL. Oui, pour ça tu dois rejoindre PROFIT $KOOL.
   https://www.skool.com/profitskool/about

3. Alors, **scanne ce code** dès maintenant pour **lancer ta communauté**!

4. Programme ta communauté au fur et à mesure que tu avances dans ta lecture.

Tu as **14 jours** pour décider si tu veux **garder ta communauté**. Profite-en pour découvrir tous les **bonus** que je te réserve en utilisant **mon lien d'affilié**.

Et tu garderas les bonus que j'ai pour toi!

https://www.skool.com/profitskool/about